資本主義の暴力

現代世界の破局を読む

Saito Hideharu
斉藤日出治

藤原書店

はしがき――死にゆく社会、終りゆく世界

感染症の猛威が世界に吹き荒れている。わたしたちの日常生活がほとんど機能しなくなり、経済生活のゆきづまりと生存の不安が拡がっている。この危機は、あたかもわたしたちの日常生活の外部から襲った厄災であるかのようにみえる。だが問わねばならないのは、わたしたちの日常生活の深部にそのような生活と生存の破綻を招く暴力性が潜んでいるのではないか、ということである。

わたしたちはいまウイルス感染を恐れて自宅にこもり、他者との接触を断ち、ひととの交流が不可能な状態に置かれている。それに対して、いままでの経済活動と日常生活は、ひとの出会いと交流を深めることによって発展してきたかのようにみえる。

はたしてそうだろうか。日常生活が商品で覆い尽くされ、国境を越えて商品・貨幣・資本が取引される世界で、たしかにたがいの距離はかぎりなく縮まり、人や物やサービスや情報の交流が急速に進んでいる。だが、そのような空間の圧縮と交流の加速化は、わたしたちの孤立化・分断・敵対関係の昂進と不可分であり、そのような社会のありかたが感染症もふくめたグローバルなリスクをかぎりなく高めたのではないのか。

わたしたちはメガシティで身を寄せ合って暮らしていながら、直ぐそばに暮らす隣人と出会うこともなく、孤独で、相互の信頼を失い、他者を敵とみなし、自分しか頼りにならない世界を生きている。ひきこもり、孤独死、家庭内殺人、自殺が蔓延し、ひたすら他者が差し出すスペクタクルに熱狂して生きている。

繁華街やテーマパークやショッピングモールから人気が消えた殺伐としたパンデミック下の風景は、突然に降りかかった厄災などではなく、わたしたちが生きる日常生活の実相をわたしたちに突きつけているのではないだろうか。国家と市場が肥大化して、社会がほとんど消滅してしまったわたしたちの日常生活の無残なすがたが、ここにある。

だから、感染症が人類を襲撃するというこの暴力は、わたしたちの日常生活の内部から発動される暴力を映し出す鏡だと言える。この暴力は国境を越えて瞬時に全世界を席巻した。二〇一九年一二月にコロナウイルスが発生して以降、現在までの感染者は世界全体で一億二千万人、死者は二六五万人に達した（二〇二一年三月一五日時点で）。感染の瞬時のグローバルな拡散は、国境を越えたひとびとの自由な移動の加速化やメガシティへの過度な人口集中と不可分である。

危機がほとんど瞬時に世界に波及し、あるいは同時に世界を襲うこの動きは、パンデミックに始まったことではない。この動きは、ポスト冷戦下でグローバリゼーションが急進展するとともに加速し、二一世紀に入ってさらにその度を強めている。二〇〇二―三年のＳＡＲＳの感染症爆発、二〇〇八年の世界金融危機、二〇一一年の福島の原子力災害がそうであり、さらには、ひとびとを日常的に脅かしている地球の異常気象や気候変動、そして核戦争の脅威がそうである。

しかもこの世界同時危機は、日常生活がすべて商品化された世界でひとりひとりの個人を社会の保護のないままにストレートに襲う。その被害は貧者や社会的弱者ほど過酷である。新自由主義のグローバリゼーションは、市場に依存する生活を極限まで深化させることによって、「リスクの個人化」(U・ベック)を促した。パンデミックの災禍においても例外ではない。

この世界では、市場における個人の自由な選択を最優先する「経済的自由主義」(K・ポランニー)の理念の下にひとびとが思考し行動することによって、なんびとも逃れることのできない破局的な災禍を強制されるというパラドクスを経験している。コロナウイルスの災禍が広まるとともに、このリスクから社会を防衛するために、外出自粛、集会や催し物の中止や延期などの措置が強いられ、「緊急事態宣言」(新型コロナウイルス対策の特別措置法)が発せられ、さらには憲法における「国家緊急権」にもとづく「緊急事態条項」の創設までも提言されている。個人の自由の無際限な拡大が社会の安全を脅かし、いつのまにか全体主義を招来する。このパラドクスはいまに始まったことではない。本書で論ずるように、二〇世紀の歴史がすでに経験していることである。

* * *

本書は、社会思想の諸説を手がかりにしながら、このパラドクスを読み解こうとする。市場の自由が全体主義へと反転するという社会的現実が内包するこのパラドクスは、科学技術や学的知が抱えるパラドクスによって支えられている。科学技術の進歩は人間の自然に対する制御能力をかぎりなく高めた、とされる。しかしその科学技術の進歩こそが、原発事故のような世界的な規模の大災害をもたらす。人工知能の進歩によって、身体の内奥から身体外のすみずみまで情報検索と情報処理が進み、人間の自然に対する制御が極限にまでゆきつくかにみえるとき、その世界が内部から自己崩壊を遂げていく。

原発災害は、近代社会がもたらした科学技術がはらむはかりしれないリスクを浮き彫りにした。西谷修［2011］は、核技術の性格をつぎのように語っている。

> 核技術は、核分裂や核融合を引き起こし、一定程度それを制御することはできるがその結果生ずる現象に関しては「自然に任せる」しかない。
>
> （同書一三五頁）

技術は特定の目的に従ってそれがめざすものを実現できても、特定の目的を実現した結果が生み出す副次的効果に対しては制御が働かない。原発事故は、この副次的効果が人間による制御をはるかに超えた重大な破局をもたらした典型的な出来事であった。

経済学の言説も同じようなパラドクスを抱えている。市場を考察する経済学説は、市場の均衡と成長が世界にかぎりない豊かさをもたらすものと構想する。この経済学説には、均衡の一時的な攪乱はあっても、経済システムの終りも破局も想定されてはいない。しかし、わたしたちが経験している現実の破局は、ほかならぬこのような均衡と成長が永続するという経済学の言説にもとづいて組織された世界がもたらした帰結ではないのか。経済学説は経済成長を追求する道筋を提示しても、その追求によってもたらされた大破局を説明することができない。経済学説は、みずからの言説がはらむ暴力性について、その政治的性格について、驚くほどに無自覚で無知なのだ。

本書は、現実世界と言説世界が抱えるこのパラドクスを読み解くために、そのパラドクスを洞察した数少ない思想家に着目する。古典から現代思想にいたる思想家の経済学批判、および市民社会の概念装置を駆使して、資本主義の破局を読むことによって、現代世界の危機の源泉を探り出そうとこころみる。

＊　＊　＊

序章では、福島の炉心溶融という重大事故の意味を、藤田省三、カール・ポランニーの市場経済認識を手がかりにして読み解く。原子力エネルギーを市場で商品として取引し産業的に利用するという思考と行動のなかに、全体主義を呼び起こす芽がはらまれていることを考える。

第I部では、資本主義の自由の概念が自明のものとして受容される世界が世界の破局を招くというパラドクスについて、つまり個人の自由の際限なき追求が集団的自由の際限なき収縮につながるというパラドクスについて考える。私的所有権と市場取引の自由に最高の価値を置く資本主義的自由の概念は、自然発生的に生まれたわけではない。それは、政治と法と経済に、国家と市場に架橋する過程的媒介として作用する市民社会の政治がもたらした帰結である。カール・マルクス、レギュラシオン学派、オルド自由主義などの制度派経済学、ミシェル・フーコー、カール・ポランニー、トマ・ピケティ、クリスチャン・ラヴァルらの諸説の検討を通して、市民社会の政治が繰り出す資本主義の自由の概念とその概念が発動する暴力作用について論ずる。

第Ⅱ部は、一九九〇年代を境にした、戦後日本社会の危機と構造転換を省察する。高度経済成長から長期不況へ、経済ナショナリズムから排外主義的ナショナリズムへ、対米従属から日米同盟へ、という戦後日本社会の一見独立したようにみえる経済、市民社会、日米関係の転換を、市民社会の方法概念を駆使して、経済と政治と社会の分節＝連節関係の構造転換として読み解く。市民社会の方法概念として手がかりにするのは、カール・マルクスの国家と経済を架橋する政治（市民社会）の概念、アントニオ・グラムシのヘゲモニー概念、デーヴィッド・ハーヴェイの共進化の概念、メアリー・カルドーのグローバル市民社会の概念である。これらの方法概念を手がかりにして、戦後の日本資本主義と政治的国家と市民社会の相関関係とその動態を概括し、新自由主義経済の出現と、権威主義国家の台頭と、ヘイトスピーチが吹き荒れるネオナショナルな市民社会の登場という、三者の関係を問い直す。この問い直しは、戦前の日本の侵略戦争と植民地主義がゆきついた「大東亜戦争」という破局を市民社会の視座から読み直すこころみにつながる。

第Ⅲ部は、グローバル資本主義の破局的危機を精神分析の概念から読み解く。この考察の契機となったのは、G・ドスタレール／B・マリス『資本主義と死の欲動』（藤原書店）の翻訳作業であった。

ケインズ経済学の研究者でもあるドスタレールとマリスは、ケインズの貨幣認識、経済政策のうちにフロイトの精神分析の深い影響力を読み取る。本書では、このふたりによる経済科学と精神分析との対話から学びつつ、グローバル資本主義が発動するグローバル・リスクの根源に潜む「死の欲動」を探る。そして、グローバリゼーションの日常を生きるわれわれの意識に潜む無意識を考える。

さらに、カール・マルクスの資本・貨幣・商品の考察がフロイトの〈死の欲動〉概念をそのうちにはらんでいること、そしてこれらの経済カテゴリーがはらむ〈死の欲動〉が、ヘイトスピーチや情報カスケード（インターネットにおける情報の集団的連鎖反応現象）やインフォデミック（虚偽情報の拡散現象）といった高度情報社会の病理現象と密接に結びついていることを考える。

ひとびとの共同存在と自然がともに地球的規模で立ちゆかなくなりつつあるという脅威を前にして、この脅威の根源に踏みこみ、その根源から社会を再生する営みが求められている。本書がそのような課題を追究する共同作業の一助となるのであれば、望外の悦びである。

二〇二一年三月

斉藤日出治

資本主義の暴力

目次

資本主義の暴力

現代世界の破局を読む

序章 原子力の産業的利用と「市場経済全体主義」

はじめに――原子力の産業的利用と市場経済の原理

福島第一原子力発電所の炉心溶融事故は、核爆発がもたらすグローバルな暴力性をあらわにした。それは、日本列島だけでなく、近隣諸国や世界の海洋を放射能汚染の脅威にさらした。この脅威は現在も続いており、その収束の目処は立っていない。核燃料を用いて電力を生産する事業が、人間の手で制御しえない放射能を拡散させ、ひとびとの生命と環境と生活を根底から脅かしている。このことは予測されていたことではあるが、重大事故が発生してはじめてひとびとはその事態の重大性を認識するようになる。問題は、これほど深刻な事態の発生が予測されていたにもかかわらず、なぜその予測に対する対応がずさんなものでしかなく、原子力発電の産業的利用が容認されてきたのか、この問いを市場経済の原理にまで立ち返って考えてみたい、というのが本論の課題である。

戦後の日本で原子力発電が推進されたのは、原子力から核兵器のイメージを払しょくすることによってであった。物の大量破壊と人の大量殺傷を目的として軍事用に開発された核兵器は、原子力の「平和利用」という名のもとに、そのイメージを一新することによって、日本の電力産業の中核事業になっていった。とりわけ二度の被爆を体験した日本にとって、逆説的なことに、「平和利用」という言説は原子力産業の推進にはずみをつける殺し文句となった。それは原子力の軍事的な利用がもたらす悲惨さと対比され、人類の科学技術文明が社会生活に快適さと便宜をもたらす夢の世界の到来として歓迎されたのである(1)。

二度の被爆体験に加えて、一九五四年には焼津の漁船第五福竜丸が南太平洋のビキニ環礁で死の灰を浴び、この国は第三の被爆を経験したにもかかわらず、一九五六年の「平和利用博覧会」を契機として、国民の世論は原子力事業の容認へと向かう。一方政府は、すでに一九五三年に原子力予算を承認し、一九五六年には原子力委員会・科学技術庁を設置して、原子力発電所の建設を推し進めていった。

だが、原子力の「平和利用」は、同時にそのなかに原子力の軍事利用を押し隠していた。すでに多くの論者が指摘しているように、日本はこの「原子力平和利用」という言説によって原子力発電を導入すると同時に、国家安全保障戦略のなかに原子力発電を組みこみ、原子力発電を核兵器に転用しうる可能性を、戦後一貫して追求してきたのである。原子力の「平和利用」というかけ声は、日本にひそかに潜在的な核兵器をもちこむためのレトリックとして機能したのである[2]。

だが原子力の「平和利用」は、平和の名のもとに戦争体制を社会に導入するもうひとつのレトリックとしても機能した。平和のもとにおこなわれる原子力の産業的利用は、市場経済がはらむ全体主義的性格をあらわにする。この全体主義は核兵器のような物的形態をとらずに、ひとびとの「平和」な日常生活のうちにひそかにしのびこむ。

原子力発電事業は、私企業の電力会社が市場で電力を売買することによって私的利益の獲得を目的とするビジネスである。この私的利益を追求する原子力の産業的利用が、社会の「平和」に貢献するというレトリックによって受容されていく。「平和利用」には、公共性の意味合いが込められ、ひとびとの社会生活の安寧と福祉に貢献するというイメージがともなう。

だが市場取引においてまず最優先されるのは、コスト計算である。電力会社は原子力発電が豊富な電力を低価格で供給するという利点をもつことを鳴り物入りで宣伝する。ところが、原子力発電という商品は、その使用価値のなかに人類の生存を脅かすような巨大なリスクを秘めている。福島原発で発生した炉心溶融事故は、警戒区域内のひとびとの居住を不可能にし、その区域の家畜・生物の生存を不可能にし、田畑、河川、森林、大気を放射線で充満させ、畜産業・農業をはじめとする産業と生活の基盤を奪い去った。大熊町、双葉町のなどの住民は、避難指示区域が解除されても多くは帰還しようとしない、あるいは帰還ができない。つまり、放射線で汚染されたこの地域は、ひとが半永久的に居住不可能な環境と化してしまったのである[3]。

原子力が産業的利用によってひとたび市場にとりこまれると、その原子力がはらむ巨大な社会的リスクは市場の外部不経済として位置づけられ、原子力発電コストにくみこまれて計算され処理されるようになる。事故が発生したときの賠償についても、同様である。つまり、市場経済で最優先されるのは、市場の内部で取引される商品の価格であり、その商品の生産および消費の過程で発生する社会的費用はすべて市場の外部効果として処理され、二の次の問題となる。

原子力がひとたび市場経済にとりいれられると、資本蓄積の至上命令が作動する。市場経済の運営においては、たえず増進する経済成長が求められ、企業は倒産の脅威から逃れるために効率とコスト削減を追求する。[4]

原子力が産業的に利用され市場取引の対象となるということは、すべてのひとびとがみずからの生存と環境を根こそぎ奪われるという巨大な社会的リスクの下に強制的に置かれることを意味する。炉心溶融事故によってひとたび放出された放射線は、回収も、廃棄も不可能である。原子力発電所で働く作業員は日常的に被爆の脅威にさらされ、生命の危機と引き換えの作業を迫られる。原発で生じた放射性廃棄物の最終的な処理方法についてはまったく見通しが立っていない。これらのリスクは社会的費用として計算され、その一部は電力料金のうちに組みこまれるが、電力会社はその費用をできるだけ低く評価したいから、安全神話がまき散らされ、事故の対策もおろそかになる。炉心溶融のような重大事故は起こってはならないものとみなされ、ついには事故が起きる可能性自体が否定されるようになる。生命と環境の根こそぎの剝奪に対する対策が軽視され、電力費用の計算と経済成長が最大の関心事になるというパラドクスがここに生ずる。

市場経済とは、消費者が市場で商品を選択する自由を保証するシステムであるが、原子力が市場で取引される商品になったとき、地球上のすべてのひとびとが放射線で汚染された食物を摂取し体内被曝するリスクを抱えこみ、選択の自由などまったくなしに生命を奪われる世界に強制的にくみこまれることになる。市場取引の自由が保障されるということと、その市場取引に随伴する生命と環境の全面的な剝奪というリスクが強制されるという事態が背中合わせに共存するこのパラドクスは、経済学においても正面から問われることはない(5)。

このパラドクスは炉心溶融事故が発生したときに露呈し、市場経済の本性がはじめて衆目にさらされるのである。市場経済は平和時におこなわれる自由で平等な取引であるがゆえに、戦争体制や全体主義とは対極の社会システムであるかのように思われるが、じつは市場経済は戦争体制と同じ論理によって社会を組織し、空爆のような戦争と同じ被害を社会にもたらすということを語り出すのである。

本論は、このような市場経済の深層にひそむ全体主義について考察した二人の思想家――藤田省三、カール・ポランニーをとりあげ、二人の市場経済認識を検討しつつ、市場経済がいかなる意味で全体主義を呼び起すのか、そこにはどのような論理が作動しているのか、について考えてみたい。

一　「戦後経験」と「市場経済全体主義」——藤田省三

日本はアジア太平洋戦争の末期に原子爆弾の投下によって死の灰を浴び、敗戦を迎えたが、その敗戦の経験をみずからに問うことも、敗戦に至る過程を振り返ることもないままに、戦後の歴史をスタートさせた。近代以降の日本がみずからアジア太平洋の諸地域に向けて仕掛けた戦争を、まるで外から仕掛けられた戦争であり、みずからに降りかかった災難であるかのように記憶し、その災難からの立ち直りを戦後復興に託そうとした。そこには、アジアに対する植民地支配と侵略戦争の責任を問い、沖縄の強制集団死や東京・大阪の大空襲、そして広島・長崎の原爆によるおびただしい犠牲者を生み出した戦争責任をみずから担うという姿勢が大きく欠落していた。

そのような敗戦の経験を不問にすることと、原子力発電を戦後日本の社会に受け入れていく過程とは不即不離の関係にある(6)。

戦後日本の経済成長がこのような敗戦の経験の不在あるいは抹殺に立脚していることを洞察し、この国が戦前と同じ論理に従って全体主義の途をひた走っている、ということを指摘したのが、政治学者の藤田省三（一九二七—二〇〇三年）である。藤田は戦後の高度成長が敗戦の経験を抹殺した歴史の神話に立脚していることを見抜いて、高度成長の批判を「戦後経験」にもとづいて遂行する。そしてこの「戦後経験」の視点から高度成長をみるとき、高度成長は「市場経済全体主義」としての相貌をあらわにする。

1　戦後思想の原点としての「戦後経験」

藤田は、一九八一年に執筆した「戦後の議論の前提――経験について」〔2003〕という小論で、戦後社会の原点が「戦後経験」にあることを強調する。

そもそも経験とは何か。藤田は、経験を「物（或は事態）と人間との相互的な交渉」（藤田省三〔2003〕二二二頁）として定義する。ひとは長い時間をかけて物や事柄とふれあい、つきあいながら現実を受けとめ感じとる。ひとは物や事柄とのそのような相互交渉をとおして経験を積み重ねていく。ひとびとは社会の既存の仕組みにとらわれることなく、みずからの感覚で物や事柄と交渉することによって既存の仕組みを審判に付し変革する。そのようにしてみずからの経験にもとづいて社会を築き上げる。

敗戦は、日本人にそのようなみずからの経験にもとづいて社会を創造する可能性を開いた。それゆえ藤田は、敗戦によって国家が崩壊し、ひとびとが自然状態に投げ出された戦後の闇市的状況のうちに「戦後経験」の原点を見る。ひとびとは国家以前の自然状態のなかでみずからの経験にもとづいてたがいに交流し、生存のための規範を編み出そうとする。ひとびとは国家に奉仕する公人としてではなく、国家よりも私生活に高い価値を置く私人として生きることによって、経験にもとづいて社会を創造する可能性を手に入れたのである。

つまり藤田は、日本が高度成長に突入する以前の敗戦直後の社会（闇市の社会）に、敗戦を経験するという意味での「戦後経験」が存在した、と言うのである。藤田はそれがいかなる意味において「戦後経験」であるのかをつぎのように説明する。

戦後経験の核心は、敗戦によって国家が崩壊し、この国家の崩壊が「不思議にも明るさを含んでいる」（同書二二四頁）ということにある。ただし、この明るさは、敗戦の「悲惨と欠乏と不安」（同書二二五頁）のなかにはらまれる明るさであり、社会秩序が崩壊するなかで新たな社会を展望する無限の可能性をはらんだ明るさであった。

この両義性をはらんだ戦後経験は、戦前の歴史が押し隠してきた「もうひとつの戦前」、「隠された戦前」を、したがって「もう一つの世界史的文脈」（同書二二六―二二七頁）を明るみに出す。藤田は「もうひとつの戦前」の出来事として、軍国主義に抗する反戦運動、寄生地主制に抗する農民運動、社会主義者の運動、植民地のひとびととの抵抗運動などを挙げたうえで、これらの「もうひとつの戦前」を発見し再評価することによって、そのような「もうひとつの戦前」が戦後に引き継がれていることを発見し、戦前と戦後の新しいつながりを見出すことができる、と言う。このつながりは、戦後における旧植民地のひとびと、戦争孤児、戦争の犠牲者としての死者、娼婦などのうちに見出すことができる、と。

そして、この隠されていた過去を発見することによって、戦前とはべつのかたちで戦後をかたちづくる道が切り開かれ、未来を構想する展望が開かれる。経験にもとづく社会の創造とはこのことを言うのだ。このような両義的な時間意識と複合的・可逆的な関係を見出すことこそが戦後経験の核心である、と。

藤田はこのような「戦後経験」のうちにこそ、みずからの責任において戦前の歴史を振り返り、その内省のうえに、みずからの経験にもとづいて社会を築き上げていく可能性があった、と主張する。

2 「「安楽」への全体主義」としての高度成長批判

だが、藤田が検出した上記の「戦後経験」は、その後日本が戦後復興を遂げ、高度成長に突入していく過程で消失していく。藤田にとって、高度成長が進展していく過程は、物や事柄との相互交渉を意味する経験が、当事者から「遊離して一つの『物』として人間の外に存在するように」(同書二二三頁)なる過程であった。そして、この戦後経験の物化と喪失という視点に立って高度成長を位置づけるとき、高度成長は《全体主義》としての相貌をあらわにする。(7)

藤田はこの高度成長を「「安楽」への全体主義」と名づける。それは、この全体主義が「安楽」という日常生活の精神的態度(ひとびとの「心の動き」)に立脚するものだからである。

藤田は、高度成長を支える高度科学技術文明の根底に、この文明を受け容れていくつぎのようなひとびとの「心の動き」があることに注目する。

科学技術が開発する設備・装置・製品をつぎつぎと無批判的に受け容れていくひとびとの生活態

度のなかには、「私たちに少しでも不愉快な感情を起こさせたり苦痛の感覚を与えたりするものは全て一掃して了いたいとする絶えざる心の動き」（藤田省三［1994a］三―四頁）が潜んでいる、と。

藤田が問題にするのは、苦痛や不愉快を避けようとする態度ではなく、「不快を避ける行動を必要としないで済むように、反応としての不快を呼び起す元の物（刺激）そのものを除去して了いたいという動機」（同書四頁）にある。苦痛や不快を避ける場合にも、それぞれの状況に応じてそのひとの生き方にもとづく判断が介在しており、そこには「事態との相互的交渉を意味する経験」（同書四頁）が作用している。ところが、高度成長の心的態度に潜んでいるのは、そのような事態に直面すること自体を避け、経験そのものを放棄しようとする姿勢である。この「心の動き」によって、われわれは「一切の不快の素を機械的に一掃しようとする粗雑なブルドーザー」（同書一四頁）になりはてる。藤田はそのような心性を「恐るべき身勝手な野蛮」（同書五頁）だ、と断罪する。

快・不快の感覚を雑多にはらみ、それらの感覚とつきあいながら現実に対処する心的態度を一掃し、それを安楽に向けてもっぱら一元化し、不快な感覚や他者との交渉を拒絶するこの心的態度こそ、経験が物化していく過程であり、全体主義へと通ずる態度にほかならない。

そして藤田は、高度成長がはぐくむこの心の態度を、戦前の軍国主義の精神的態度に重ね合わせる。

かつての軍国主義は異なった文化社会の人々を一掃殲滅することに何の躊躇も示さなかった。

そして高度成長を遂げ終えた今日の私的「安楽」主義は不快をもたらす物全てに対して無差別な一掃殲滅の行われることを期待して止まない。（同書五頁）

既述したように、敗戦直後の闇市の世界に出現した「戦後経験」は、見失われた戦前の「もうひとつの世界史的文脈」を発見する可能性をはらんだ社会的状況の到来を意味した。にもかかわらず、高度経済成長の過程は、この戦後経験を封じこめて、事物との相互交渉を拒絶し、不快の素を断ちきろうとする。この精神的態度が、戦前の「もうひとつの世界史的文脈」を戦後へと引き継ぐ可能性を抑えこみ、それに代わって、戦前の軍国主義を「『安楽』への全体主義」へと接続させる。つまり、藤田にとって、高度成長とは、植民地主義と侵略戦争によって異質な文化社会を壊滅し一掃した戦前の全体主義の体制を、日常生活のうちに復元するものにほかならなかったのである。

3 「『安楽』への全体主義」の発生史的考察

それでは、戦後の高度成長期を特徴づけるこの「『安楽』への全体主義」はどこから、いかにして、発生したのか。藤田は一九八六年に執筆した「全体主義の時代経験」[1994b]において、この全体主義の発生史的考察を試みている。

藤田はこの全体主義の起源が、第一次世界大戦をもって始まる「戦争の全体主義」にある、と言う。第一次世界大戦は、それ以前の戦争のように、戦争がもっぱら軍人による戦闘行為にとどまるのではなく、国民を総動員し、民間人の無差別殺戮をエスカレートする全面戦争へと発展する画期となった。それ以降、戦争の当事者はもはや軍人だけでなく、国民全体となり、戦争行為が国民を巻きこんだ「皆殺しの応酬」、「皆殺しによる大量処理」(藤田省三［1994b］一七頁)の行為となる。

藤田は国民の総動員という戦争体制が生みだされた契機として、つぎの三点を挙げている(同書二五―二九頁)。

(一) 宣伝戦の全般的な出現をとおして一般国民が戦争に参加するようになったこと。

(二) 一般国民の内面的な精神が戦争に動員され、戦争が歯止めの利かない無制限な行為になったこと。

(三) 飛行機、核兵器などの発展により非戦闘員の無差別殺戮がおこなわれるようになり、社会のすべてを消耗しつくす総力戦体制ができあがったこと。

藤田は、「戦争の全体主義」をこのように要約したうえで、ひとびとの日常生活のすべてを戦争に動員するこの全体主義が、第二次大戦後の高度成長において大衆が安楽を求めて消費に邁進する「生活様式の全体主義」へと継承されている、と言う。つまり、藤田は全体主義の概念によって、戦前の戦時体制と戦後の高度成長における大量生産・大量消費の体制との連続性・同質性を指摘するのである。

だが、「戦争の全体主義」は「生活様式の全体主義」に先立って、もうひとつ別の全体主義を生み出す。藤田はその全体主義を、「政治支配の全体主義」と呼ぶ。藤田はハンナ・アーレントの『全体主義の起原』［1951］における考察を参照しつつ、「政治支配の全体主義」の特徴をつぎのように整理する。

アーレントは二〇世紀に出現した全体主義を、「人類史上かつて無かった全く新しい性質の専制」(同書一八頁)と呼び、それを「難民の生産と拡大再生産を政治体制の根本方針とする」(同書一九頁)全体主義、として特徴づける。だがそれは、そもそも政治体制の概念に反する定義だと、藤田は言う。というのも、政治体制とは、諸種の社会制度を創出することによって社会秩序を安定化するために生み出されるものであるが、「政治支配の全体主義」においては、政治体制が市民の法的保護を剝奪し、住む場所もないひとびとを大量に産出するという、不安定と流動化を促進するための装置へと変質するからである。この装置は、人種差別の社会感情を煽りたて、大衆を扇動して、難民追放の運動にかりたて、追放した難民を強制収容所に拘禁する。

政治の総体が難民の追放の運動体になるような「政治支配の全体主義」を生み出したもの、それこそ国民を戦争に総動員する「戦争の全体主義」にほかならない。戦争による社会の全成員の動員は、職場・地域・家族などの人間関係をすべて崩壊させ、ひとびとを無社会状況に放り出し、社会生活の喪失とたえざる不安定化をもたらす。そのような社会的結合を欠いた大衆が英雄を待望し、立ち現れた英雄にすがりついて、難民追放の運動にかりたてられていく。

「政治支配の全体主義」は、「戦争の全体主義」が生み落とされた社会的結末としての無社会状況を、そのまま政治制度化しようとするものであった。その無社会状況に遍在する不安と恐怖と怨恨、すなわち不安定性をそのまま制度化しようとするのが「政治支配の全体主義」なのであった。

（同書三二頁）

「戦争の全体主義」に起源を発し、「政治支配の全体主義」において継承された二〇世紀の全体主義は、あらゆる社会の制度を流動化し、不安定化して、定住するひとびとを根こぎにして追放する政治体制として発展を遂げた。そしてこの全体主義は第二次大戦とともに終息したのではなく、第二次大戦後に「市場経済全体主義」として姿を変えて復活する。

藤田は、「政治支配の全体主義」という視点をアーレントから学びつつ、この全体主義に先立って「戦争の全体主義」が出現し、この全体主義から「政治支配の全体主義」が生み出されたと指摘する。そしてさらにこの二つの全体主義が、戦後の高度成長において「市場経済全体主義」として継承されることを洞察する。

この洞察によって、戦前の戦争体制から戦後の高度経済成長にいたるまで貫かれる全体主義の共通の性格がつぎのようにして総括される。

「難民」（displaced person 居場所なき人々）創出の量的無限過程化、などに既にみられる時間的・空間的エンドレスネス。此処に二十世紀全体主義の本質的特徴があるとすれば、今日只今の全世界を蔽って進行して止まない「市場経済全体主義」もまた、「全体主義」の反対物ではなくて、むしろ、本質的特徴を平和的相貌をとりながら極めて鮮明に顕現したものであるのではないか。

（同書五〇頁）

市場経済は、「戦争の全体主義」や「政治支配の全体主義」と対立する体制ではなく、この二つの全体主義を、すがたを変えたかたちで継承し深化させる二〇世紀全体主義の普遍的性格を体現している。高度に発展し複利的な成長を続ける市場経済は、ありとあらゆるものを商品化し、市場に取りこむ。そのために、人や物や情報や知識がたえず流動化し、使い捨てられ、資本の価値増殖の運動に巻きこまれていく。ひとびとはそのなかで、たがいの社会的なつながりを断ち切られ、孤立させられ、無社会状況に追いやられる。それらの諸個人を消費生活に向けて動員し、安楽の一元的な感覚の支配に向けて囲いこんでいく、それこそが『安楽』への全体主義」にほかならない。

とりわけ藤田は、全体主義の典型例として、労働・土地・貨幣など、本来、販売を目的として生み出されたのではないものが「擬制商品」（K・ポランニー）として市場で取引される事態に着目する。たとえば貨幣は、ひとびとが有用物を交換するための媒体として活用される制度的手段であった。だが今では、「自己存立にとって必要不可欠の制度的手段」であった貨幣が「利益を生む流動（通物」とみなされ、「直接的な貨幣利益への一義的執着が全てを突き動かしている」（同書五五頁）。藤田にとって、このような投機目的で暴走する貨幣という制度物神の自己増殖の運動が、全体主義における難民追放の無窮運動と重なり合ってみえるのである。
こうして藤田は、二〇世紀に出現する全体主義を「激しく且つ絶え間ない流通・流動が全ての形態、対象、モノを呑み込んでいく世界」（同書五六頁）として総括する。

この全体主義の性格は、二一世紀初頭の金融主導型資本主義においてもっともはっきりとした形で露顕する。金融取引は産業の活動を仲介するという機能を逸脱して、自己増殖する価値を求めて暴走し、実体経済をかく乱し、衰弱させる。住宅ローン債権を証券化し、レバレッジをかけて何倍にも膨らませて取引し、巨額の利益をあげる証券取引は、世界中の金融機関を投機的取引の渦に巻きこみ、さらには実体経済の資金調達をも左右する。この証券取引は各国の為替レートを乱高下させ、通貨危機を頻繁に引き起こし、ついにはグローバル金融恐慌として発現するにいたった。そして、投機を目的として金融派生商品を扱う金融機関だけでなく、地球上のあらゆる地域における経済当事者や生活者に対してその影響力を発揮する。

現代のグローバル金融資本主義は、あらゆるものを流動化させ、その流動化のための道具として社会制度を活用する。金融市場の規制を緩和し、派遣業や非正規雇用を容認して労働市場を柔軟化する。このような活用が、世界各地のひとびとの社会生活を不安定化し、職場や地域からひとびとを追放し、難民化を促す。社会的な不平等が激化し、相互の敵対関係が増幅する。藤田は、今日進行するグローバル金融資本主義が出現するよりはるか以前に、このような性格の資本主義の起源が「戦争の全体主義」にあり、「政治支配の全体主義」と同根のものであることを洞察し、その根底に

潜むひとびとの精神的態度の変容に着目したのである。(8)

原子力の産業的利用は、原子力発電の立地地域の経済を電源三法の交付金に依存する経済に変え、原子力産業によって地域の経済とひとびとの雇用を保証する原子力依存体制をつくり出し、都会に住むひとびとに対しては「安価な」電力を供給することによって「安楽」な消費生活を保証する。

だがひとたび原子炉が溶融する事故が起きれば、放射能汚染によってひとびとの追放と、人間関係の分断と、雇用や生活の破壊をもたらし、生活と生存のすべてを奪い去る。「安楽」な生活の享受と引き換えに、すべてのひとびとに対してこのような多大な被害を強いる強制力を行使する。福島で発生した原発の水素爆発事故は、原子力の産業的利用がもたらす全体主義的強制力をひとびとに有無を言わさず見せつけた。それこそ、藤田省三が喝破した二〇世紀の全体主義の赤裸々な姿であることをわれわれはここに思い知らされるのである。

二 「経済的自由主義」と全体主義――カール・ポランニー

1 資本概念の全体主義的性格――カール・マルクス

藤田が第一次大戦からはじまり、第二次大戦後の高度経済成長にいたる社会システムを特徴づけた二〇世紀全体主義とは、ひとびとの社会的きずなを分断し、ひとびとを孤立化させて、社会生活を不安定化・流動化させ、無社会状況をつくり出すと同時に、ひとびとをあるときは戦争、あるときは人種主義、あるときは経済成長と安楽という基準にしたがって動員し、かりたてていくような社会体制を意味した。

一九世紀に生まれつつあった近代資本主義の動態のうちに、このような全体主義の性格をすでに読み取っていた知性がいる。カール・マルクスである。マルクスは、資本の概念を「過程する価値」としてとらえることによって、たえず流動転変する運動をとおして価値増殖の無窮動的追求をおこなう資本のうちにそのような全体主義の性格を読み取る。資本とは、あるときは貨幣、あるときは商品、あるときは生産的資本として、たえず姿を変え、自己の価値を維持すると同時に不断に増殖を遂げる価値、として定義される。そしてこの価値増殖の無窮道的運動のうちにすべてのものを動員し巻きこんでいく。生産財・消費財だけでなく、土地・森林・海洋などの自然資源、労働力、映像、情報、音響、文化、社会的諸関係のすべてがこの価値増殖の運動の契機にさせられる。そしてこの価値増殖の運動を効率的に推進することを至上命令として強制力が発動される。労働時間の延長と賃金の引き下げへの圧力、不安定な雇用、失業と貧困、資源の浪費や自然破壊（森林伐採、大気汚染、海洋汚染、地球温暖化）等々。マルクスが「資本の文明化作用」と呼ぶ資本主義の歴史的傾向性は、藤田が洞察した全体主義の無限進行の過程にほかならない。

だが、一九世紀の資本主義は、市場取引の自由・平等の理念を介してこの全体主義が貫徹されることによって、その全体主義的性格が社会の表象から遠ざけられていた。これに対して、二〇世紀に入ると、市場取引による自動調整の仕組みが機能障害をきたすようになり、市場経済を運営するために強力な国家が招来され、資本の直接生産過程だけでなく、社会領域の総体に全体主義的な強制力が目に見えるかたちで発動されるようになる。市場経済は、もはや国家の非介入による自由放任の状態では機能しなくなり、国家の全面的な介入を要請するようになるからである。そのとき、市場経済は自由・平等・友愛の理念のもとにひた隠していた全体主義としての性格を露わにするようになる。

2 原子力の産業的利用がはらむ全体主義的性格――カール・ポランニー

二〇世紀になって市場経済が呼び起こすこの全体主義を察知した希有な経済学者、それがカール・ポランニー(一八八六―一九六四年)であった。二〇世紀の全体主義は、市場経済を否定することによって出現するのではない。それは、一九世紀の市場経済の機能が失われたとき、この機能を回復し、市場のユートピアを実現しようとして出現してくる。ポランニーは市場経済システムと全体主義とのこの親和性を喝破した。

この考察に入る前に、ポランニーが原子力の産業的利用を市場経済の全体主義的原理と不可分一体のものとしてとらえていたことを見ておきたい。

カール・ポランニーは、市場経済、およびその発展がもたらした科学技術文明と、核兵器あるいは原子力の産業的利用との関係について、示唆的な言及をしている(9)。

まず、ポランニーは、市場経済がひとびとの生活の基本的欲求を逸脱して、私的利益の追求を最優先するシステムであることを指摘したうえで、そのような市場経済システムが社会にとっていかに危険なものであるかを、原子爆弾との関連において考察する。一九四七年に執筆された論説「経済決定論の信仰」〔2012〕では、歴史上のほかの経済システムと異なり、市場システムだけが人間の動機を「物質的」か「観念的」かに二分して、日常生活においてひとびとがもっぱら物質的動機にもとづいて行動するものとみなす。そして市場システムだけがひとびとを飢えることの恐怖にかりたてて、生産への参加を強制する、と言う。

経済が飢えと利己心に突き動かされて運営される市場システムでは、市場が社会から切り離され、あらゆる社会領域が市場の論理によって支配され侵食される。ポランニーはこのような市場システムを社会に埋めもどすことによって、市場優位の産業文明を「人間生活の基本的欲求が充足される産業文明」へと転換するよう提言するのであるが、「原子爆弾が出現して以来、この〔転換の──引用者〕問題はいっそう急を要するものとなっている」（Polanyi K.〔2012〕邦訳二五三頁）として、原子爆弾の出現によって市場文明の転換の必要性がさらに高まっている、と警告する。

ポランニーにとっては、核兵器にしても、原子力発電にしても、人間生活の基本的欲求を逸脱し、生活と生命を破壊するものであることに変わりはない。このような人間生活の基本的欲求から逸脱するものを社会にとりいれてきた張本人、それこそが飢えと利己心に駆り立てられて組織される市場経済システムであった。

さらに、ポランニーは市場経済の発展がもたらした技術文明と高度産業文明が人間の自由を抑圧し、全体主義の傾向に道を開く可能性についても警告を発する。かれはその最たる例として、原子力の産業的利用をとりあげる。原子力発電は、第二次大戦が終わって間もない一九五二年に行われたアイゼンハワー米大統領の「原子力平和利用」の国連演説を契機として世界に波及していくが、その時点ですでにポランニーは、原子力発電が人類の生存とひとびとの自由を脅かし、人間の基本的欲求と根本的に対立するものであることに警鐘を鳴らしていた。にもかかわらず、そのような重大な警鐘が、技術的合理性からみると非科学的な批判だとして退けられていくのである。[10]

ポランニーは一九五五年にミネソタ大学の講演のために作成した草稿「自由と技術」〔2012〕において、技術文明と自由との関係について考察し、そのなかで原子力の産業的利用について触れている。技術文明は画一化や順応主義に向かう傾向を強める。技術文明はひとびとに平均主義の傾向を浸透させ、その基準から逸脱することの恐怖心を煽り、公的な世論の圧力によってひとびとの自由を抑圧する。つまり技術文明は、中央集権的な国家が強いる自由の抑圧とは別の意味で自由を抑圧する「全体主義的傾向に途を開く」（Polanyi K.〔2012〕邦訳二八九頁）ものなのである。

> 技術文明は、政府のものか世論のものかにかかわらず無制限の権力をつくり出す傾向をもっており、新しいコミュニケーション手段を通して順応主義への意志を創出する能力を有している。（ibid., 邦訳二九一頁）

新しい多様なメディアの出現は、ひとびとの感覚を同質化し、世論がメディアによって操作されやすくなる。ポランニーは、このマスメディアがつくりだす同調主義と原子力の産業的利用とが密接に関連していることに注目している。

無声映画、発声映画、テレビと続く大衆向けの電子伝達手段の普及を通じて、新しい技術が何千万人もの視覚と聴覚を同調させたまさにそのとき、この国では原子力エネルギーを解放し得る高度なレベルにまで産業が達した。(ibid., 邦訳二八九頁)

つまり、原子力の産業的利用は、市場競争の自由の論理に従って推進されるにもかかわらず、ひとびとの感覚を画一化させるメディアの世論操作によってひとびとの自由を奪い、全体主義を招来する危険性を高める。このようにして、ポランニーは原子力の技術進歩がはらむ全体主義的傾向を告発する。(11)

3 「経済的自由主義」と全体主義

原子力の産業的利用が、市場経済や産業文明がはらむ全体主義と密接にかかわっているというポランニーの洞察は、市場経済と民主主義、あるいは人間の自由との関係についての原理的な認識に由来している。この原理的な認識を提示したのが、第二次大戦のさなかに執筆されたかれの代表的な著作『大転換』〔1944〕である。ポランニーはこの著作で、経済的自由主義と社会の防衛という二つの対抗的原理のせめぎあいのなかから一九三〇年代の全体主義が出現したことを指摘する。

一九三〇年代には、一九世紀に出現した経済的自由主義が機能障害を起こし、この経済的自由主義の機能障害に対する解決策として、全体主義と社会主義という二つの両極の方向をもった社会体制が出現する。

ファシズム[12]は、社会主義と同様、どうしても機能しなくなった市場経済にその根源をもっていた。（Polanyi K.〔1944〕邦訳四三二頁）

この市場経済の機能障害を克服するために、全体主義がとった方策は、国家が経済領域を超えて社会のあらゆる分野に全面的に介入して、市場の自己調整機能を再生しようとする道であった。そのために、全体主義が「もたらした問題は経済領域を越え、明確に社会的性格をもつ全面的な転換を生み出した」（ibid., 邦訳四三二頁）のである。

ポランニーはこの全体主義が一九三〇年代に突如出現したわけではなく、自己調整的市場がその当初からそのような全体主義的性格をはらんでいた、と言う。自己調整的市場は、そもそも自然発生的に出現したわけではなく、市場の自己調整機能を発揮させるための意図的・組織的な社会改革によってもたらされたものであった。経済的自由主義とは、「市場システムを創出しようとする社会の組織原理」(ibid., 邦訳二四七頁)であり、この組織原理は自由放任を信条とする政策によって組織される。だから資本主義はその当初から市場の自由な機能を果たすべく組織されているのであって、「自由放任に、自然なところは何一つなかった」(ibid., 邦訳二五二頁)のである。つまり、自由放任市場は、国家の政策によって人為的に組織されたのである。

自由放任市場は、救貧法、スピーナムランド法などの貧困者を救済する制度を廃棄ないしは再編し、福祉費用を削減して貧困者を市場にゆだね、「最小の費用で法と秩序を保証する原理」(ibid., 邦訳二〇九頁)によって市場を組織しようとするこころみから生まれた。功利主義の経済学者ベンサムは、「自由放任とは社会機構における新たな仕掛けにすぎなかった」(ibid., 邦訳二一二頁)ことをすでに見抜いていた。ポランニーにとって、マルサス、リカードらの古典派経済学の言説とは、経済的自由主義の理念に従って自己調整市場を組織するために社会生活の破壊を正当化する言説にほかならなかった。つまり、市場経済がはらむ全体主義的性格は一九三〇年代になってあらわになるが、一八―一九世紀における産業資本主義段階の市場経済も、それ自体がすでに全体主義的な性格をはらんでいたのである。

ファシズムは単に、産業資本主義に最初から備わっていた反民主主義のウイルスが、最近になって強い感染力を伴いながら爆発的に広がったものにすぎない。(ibid., 邦訳一四九頁)

一九三〇年代になると、市場システムの機能障害が深刻化したため、経済的自由主義者たちは、市場の組織原理にもとづいて一九世紀タイプの自己調整的市場システムを再建しようと試みる。国際金本位制、自由貿易、競争的労働市場を創出し、市場の自己調整機能を回復しようとする政策が打ち出される。経済的自由主義は、市場の危機に対処しておこなわれる保護主義的な市場の介入（社会政策立法、工場法、土地立法など）を批判しつつ、それとは別の市場介入を、つまり市場システムの自己調整機能を回復するための市場介入をこころみる。土地や労働力などの「擬制商品」の市場取引を規制するのではなく、それらの商品を自由に取引するために政府による市場への介入を求める。このような経済的自由主義の視点に立った市場介入政策と、労働力や土地の保全を目的に民主主義の視点から経済に介入する社会主義的な市場介入政策とがせめぎあう。こうして、経済的自由主義と社会の防衛という二つの対抗的原理にもとづく社会闘争が出現する。

全体主義はこの前者の原理から派生する。全体主義は、社会の防衛の視点に立って市場への社会主義的介入を図る動きを封じこめ、市場のユートピアを実現するために民主主義と自由を廃棄して、経済の機能を回復させ、「資本主義の救出」（ibid., 邦訳九一頁）を図ろうとする。全体主義は、市場経済の機能回復の視点に立って国家を組み替え、民主主義と自由の領域を政治と国家から排除する。それゆえ「ファシズムは国家の神格化をめざしているが、現実には政治的国家の廃棄をめざし、社会的全体性を経済のなかで具体化することをめざしている」（Polanyi K.［2012］邦訳九一頁）のである。

つまり、ポランニーによれば、全体主義は、市場経済の自己調整機能を回復するために「政治を廃棄して経済を絶対化し、経済から国家を掌握して、国家を経済から『分離』しようとする」(ibid., 邦訳九〇頁)ことによって生じたのである。

このような全体主義が出現したのは、政治的民主主義と自由競争的経済とが両立しなくなり、「行き詰まり状態」(ibid., 邦訳一四四頁)に陥ったためである。一九世紀には、政治的民主主義のもとで市場経済は外部からの干渉を受けずに自己調整的に機能しえた。だが二〇世紀に入ると、市場経済は、政治的民主主義を廃棄して社会全体を市場の論理によって編みあげるような国家の介入を求めるようになる。全体主義の政策がそこから生ずる。それに対して、市場経済を政治的民主主義の視点から制御して社会に埋め込もうとする対抗的な動きが高まる。こうして、自由競争経済と政治的民主主義とが両立不可能となる行き詰まり状態を脱するための歴史的選択をめぐるヘゲモニー闘争が激化する。

要するに、全体主義とは、経済と政治を節合し、社会の諸領域を編成する過程的力能であり、この過程的力能は社会主義と正反対のベクトルをとる。社会主義が民主主義の政治領域から市場経済の不平等や不安定を是正して、市場経済の民主化を図ろうとするのに対して、全体主義は市場経済の領域を社会全体に拡張して、政治を廃棄しようとする。

ポランニーは、このようにして全体主義が市場経済の自己調整的機能を活性化するために社会の全領域を市場の論理によって組織すべく国家が介入することによって出現したことを洞察するのである。[13]

むすび

藤田省三の「市場経済全体主義」、カール・ポランニーの「自己調整的市場」の概念には、いずれも市場経済と全体主義との節合関係についての深い認識が内蔵されている。そしてこの二人の認識が、原子力発電がはらむ巨大なパラドクスを照射する。

福島原発で水素爆発が起きるまで、原子力発電がはらむ重大な社会的リスクはほとんど考慮されることなく、経済効率と経済成長の視点から原子力エネルギーが評価され、原子力の産業的利用が推進されてきた。炉心溶融事故が起きたときの放射線の拡散が引き起こす体内被曝をふくめた人体の破壊、自然環境の汚染、家畜・動植物への影響がもたらす被害、放射性廃棄物の処理の困難、原発作業員の被ばく、これらの重大問題がひそかに隠され、後景に押しやられてきた。社会生活の基本的条件が軽視され、市場における資本の価値増殖活動が最優先されるパラドクスがひとびとの思考を支配し、社会の良識として定着していたのである。

原子力産業は、原発の立地地域に巨額の助成金を支給することによって地域の経済発展と雇用創出に貢献し、消費者に低価格の電力を潤沢に供給する。そのことが評価の前面に登場する。その結果、われわれは「快適な電化生活」を手に入れ、それを代償として、生活と生命と環境のすべてを喪失するという巨大なリスクを背負うことを余儀なくされ、しかもなんぴともそのリスクから逃れることのできない強制力の下に置かれることになる。ひとびとはみずからの生命と生存を支える社会的共通資本（自然環境、生活環境など）を存亡の危機にさらして、相互の私的利益を求める市場の自由競争に身をゆだねる。そして重大事故が起きるまでは、この巨大なパラドクスに気づくことがない。

藤田省三、カール・ポランニーは、市場経済のうちにこの不条理を読み取り、市場経済が醸成する全体主義の動態的メカニズムを解き明かした。原子力の産業的利用は、このメカニズムの産物であり、したがって原子力の産業的利用からの脱却は、この「市場経済全体主義」と対決し、そのオルタナティブを構想するというトータルな社会闘争を不可避的に要請することになる。

注

（1）山本昭宏［2012］は、日本では広島・長崎の「被爆の記憶」が原子力の「平和利用」にとって障害となるどころか、その逆に「平和利用」を促進する要因となったことを指摘している。戦後の日本は、「被爆の記憶」があったからこそ「原子力の夢」へと向かっていった、と。そしてそのような関係を作り出した主要因として、原子力発電についての専門知がブラックボックス化＝不可視化し、専門知に対する国民大衆の関心が薄れていったことを挙げている。「専門知のブラックボックス化」を生み出した要因のひとつとして、後述するカール・ポランニーや津村喬が指摘するような、メディアによる情報の画一化がある。

（2）原子力発電が戦後日本の国家安全保障戦略における核兵器開発の重要な足がかりになったことについては、武藤一羊［2011］を参照されたい。

（3）東京電力は、住民がこのような将来にわたって不安な状態に置かれていることに対する被害についても、当然賠償の対象としていかなければならない。船橋淳［2012］は、双葉町の住民の避難所生活がいつまで続くかわからない状態に置かれていることを取り上げ、このような「将来に向けた時間的損失を被害としてカウントしてゆくべき」（一八九頁）だと言う。この指摘のうちに、原子力が市場で取引されることと、人間の生活の基本的欲求とが根本的に対立する矛盾が語り出されている。

（4）この資本蓄積の至上命令は、福島原発の事故後に福井県大飯原発の再稼働をめぐる議論に際しても見事に貫かれた。原子力発電が停止状態のまま電力コストが引き上げられ、しかも停電が発生することは、とりわけ中小企業の経営を悪化させ、経済成長にブレーキをかけ、失業を増加させ、地域経済に大打撃を与えるから、一刻も早く原発を再稼働させなければならない、と。そこでは効率と経済成長という市場の論理が、原子力発電事故による社会・環境・生命の破壊という巨大なリスクを呑みこんでしまう。

（5）市場経済がはらむこのパラドクスは、原子力発電事故、地球の温暖化をはじめとする環境破壊だけでなく、金融危機がもたらす社会の破壊（大量失業、分配の不平等、生活の不安定化がもたらす脅威）についても言える。市場経済が競争の自由を際限なく追求すると、そこには、かならず社会の全成員に影響を及ぼすような地球環境あるいは社会の巨大な破壊行為が随伴する。この破壊行為は、国民を強制的に総動員する戦争の破壊行為に匹敵する。それこそが市場経済がはらむ全体主義的性格を語り出す。

（6）被爆体験をもつ日本は、敗戦後六〇数年を経て原子力発電の水素爆発を引き起こし、広島・長崎に続く三度目の被爆を経験した。この過ちは、みずからの経験にもとづいて社会を創造するという歴史を欠落させた日本社会のありかたと密接不可分にかかわっている。哲学者の森有正は、敗戦時に、日本人のひとりひとりがみずからの直面した現実を受け止め、その現実を招来した歴史をふりかえって敗戦を内省するという作業を怠ったことを、つまり日本人に敗戦の経験が欠落していたことを、指摘する。森有正は日本に暮らすフランス人女性が「日本に三度目の原爆が落ちると思う」とふと漏らしたその言葉に衝撃を受ける。一九七〇年代のことである。それから四〇年近くの歳月ののちに、この「予言」が福島で的中した。このことについては、斉藤日出治［2012b］、および［2013］を参照されたい。

（7）戦後日本の高度成長の批判のうちに語りだされる藤田省三の思想の全体像を描いた秀作に趙星銀［2012］がある。

（8）ベンジャミン・バーバー［1995］は、マクドナルドのような単一の商品が世界を制覇する動向を「マックワールド化」と呼び、その背後にありとあらゆる人間関係を売ったり買ったりする市場取引の関係に還元する動きを読みとる。この動きは「市場の独裁政治」を招来し、そこでは、ひとびとを消費者とみなして商品を選択する自由がかぎりなく拡大する一方で、逆にひとびとが市民として政治を担う活動領域がかぎりなく狭められていく。バーバーが洞察したグローバリゼーションのこの動向は、藤田省三の言う「市場経済全体主義」が地球を覆い尽くす動向と重なりあっている。

（9）カール・ポランニーが原子力の産業的利用と市場経済との関係についてどのような言及をしていたかを知るには、彼の未邦訳・未発表の原稿、講演録を編集した論集［2012］が参考になる。

（10）若森みどり［2011］は、ポランニーが原子力の産業的利用を大量生産やマスコミュニケーションと結びついた技術文明から発し、人間の自由と平和を脅かす危険性をはらむものであることを指摘したことに着目している。同書二一五―二一六頁を参照されたい。

（11）日本では、津村喬［2012］が、一九七六年執筆の評論のなかで、技術の支配が人類を滅亡の脅威に陥れているという文脈で、原子力発電をとらえている。原発は『平和』裡に地球を何度でも破壊する」（同書三四一頁）恐るべき力を秘めた技術であるにもかかわらず、その技術が「日常の幸福を保障する」という殺し文句で日常生活に導入される、と津村は言う。

津村によれば、それは日常生活のうちに戦争体制を導入することにほかならない。原発の製造は放射性廃棄物の処理も含めて厖大なコストを生み出し、その体制を維持するために新しい需要がつぎつぎと創出され、生命と生活のリスクが増幅する。津村はそれを「経済ファシズム」の体制と呼ぶ。そしてこの「経済ファシズム」を誘導しているのが、原発を原爆から切り離し、平和と安全性のイメージを振りまき、判断を専門家にゆだねて公衆を判断停止の状態に追いやる「情報ファシズム」である。津村は、メディアと技術官僚が一体となって情報を画一的に操作し、社会と環境を破滅の危機に陥れる可能性をはらんだ原発をビジネスとして市場取引のなかに取り組む「市場経済全体主義」の論理を一九七〇年代の時点ですでに見抜いていたことがわかる。

(12) ポランニーは「ファシズム fascism」という表現を用いているが、藤田省三と対比するために、ポランニーについても「全体主義」という表現を用いる。本論文では、全体主義を、狭義の政治体制としてではなく、国家・市場・社会の全領域を包みこみ、過程的に作用する力能としての政治の概念としてとらえる。この政治の概念については、本書の第Ⅰ部第3章を参照されたい。

(13) 全体主義の発生源は、自己調整的市場経済の危機にあり、全体主義は自己調整的市場のユートピアを実現しようとして生じた、というポランニーの認識視座については、若森みどり［2011］を参照されたい。

第Ⅰ部

新自由主義の経済学説批判

――市民社会の政治の発見

第1章　自由の神話作用と資本主義の破局性

はじめに——新自由主義の根源へ

新自由主義の批判は尽きているようにみえる。にもかかわらず、新自由主義は強靭な作用を発揮し続け、かつ社会に破局的なリスクをもたらしている。このような新自由主義の強靭性と破局性は、新自由主義をたんに規制緩和、民営化などの経済政策として、あるいは資本主義の歴史上の特殊な一時期のありようとして理解するだけではなく、資本主義の根源的な原理にまで立ち入って再検討する必要を迫っているように思われる。

新自由主義は、第二次大戦後に出現した組織資本主義の危機に由来するものとして論じられてきた。組織資本主義とは、生産と消費の市場メカニズムによる競争的調整に代わって、政府やさまざまな社会的・経済的制度による《組織された調整》を原理とする資本主義のことである。政府の金融財政政策を通じた有効需要の創出と景気調整、福祉国家による所得の再分配政策といった国家の強力な市場介入政策、さらには労働組合の団体交渉制度による協定賃金や消費者金融制度の整備によって支払い能力のある需要を事前に創出し、大量生産‐大量消費の好循環を実現したのが、フォード主義と呼ばれる一九五〇―六〇年代の高度成長体制であった。

一九七〇年代以降の危機は、このような組織資本主義の諸制度が機能不全に陥り、硬直化した諸制度を柔軟化し、変化に即応できる市場の競争原理に依拠した脱組織化の道が追求されるようになる。これが新自由主義と呼ばれるものである。この新自由主義の道は、したがって組織資本主義における強力な国家の市場介入に対して、国家の非介入、非国有化、民間活力を基盤とする経済とみなされた。

だが、新自由主義の国家は非介入国家ではない。それは、組織資本主義の国家とは異なるかたちで市場と社会に介入する国家である。新自由主義国家は市場の競争環境を整備し、福祉・教育・医療などの社会諸領域にまで市場原理を拡張するための各種の法や制度を制定し、グローバル企業の競争力を強化するための研究開発・グローバル人材教育などの支援策を打ち出すことによって、社会に強力な介入を図っている。

だが、このような社会への国家の介入は、市場が発動する破壊的作用に対してまったく無防備であり、社会の安全を脅かし、社会に破局的なリスクをもたらす。金融の投機的取引のグローバルな展開は、中央銀行や政府も対処不能な巨額の債務をもたらした。さらには、自然環境に対する無規制な市場取引の侵入が、深刻な環境危機を引き起こす。あるいは、原子力を商業的に利用した原子力発電の発展が、ひとびとの生命と生存を深刻な危機に陥れる。

新自由主義に特有な自由の理念は、市場取引における選択の自由をかぎりなく拡張するが、その市場選択の行為がもたらす結果に対して責任を負わず、その責任を放置する。このような自由の理念は、個人および企業の市場選択の自由をかぎりなく拡張することによって、逆にわれわれの集団的な自由をかぎりなく縮め、社会の破局を招いている。

本章は、このような今日われわれの日常意識を呪縛している特殊な自由の理念を資本主義の神話作用としてとらえ、その神話作用の視点から新自由主義を再考せんとするこころみである。

一 「格差の社会的表象」と自由の神話——トマ・ピケティ

1 ひとは格差をどのように表象するのか

新自由主義は分配の不平等と格差を拡大したか。『21世紀の資本』［2013］においてトマ・ピケティは、この問いを資本主義三〇〇年の長期的動態の歴史のなかで資本主義諸国二〇カ国の税務統計データを駆使して検証する。

ピケティは、資本／所得比率、つまり、民間財産の総価値（資本の総ストック）が年々生産される国民所得（フロー）に対する比率を検討する。ドイツ、フランス、イギリスのヨーロッパ諸国では、この比率が二〇世紀初頭まで七倍であったのに対して、一九一〇―一九五〇年に二―五倍に減少し、一九八〇年以降ふたたび急増して、二〇一〇年に四―六倍に増加した。つまり、新自由主義の時代に、物的資本（不動産）、金融資本、非物的資本（特許、知的資本）をふくむ資本の重要性が高まった。ピケティは、新自由主義の時代を、三〇〇年の資本主義の歴史的動態のなかで「資産価格の歴史的な回復」（『21世紀の資本』、邦訳一九四頁）の時代として位置づける。

ついでピケティは、資本とその資本からもたらされる収益との比率（資本収益率r）を国民所得の伸び率（g）と比較する。そして、資本主義の歴史においてつねに前者が後者を上回っていることを確認する（r＞g公式）。これは資産の伸び率の方が経済の成長率をつねに上回っていることを意味する。

ただし、二〇世紀半ばの経済成長によって国民所得の伸び率が上昇したために、この一時期だけ両者の差が縮まるが、一九八〇年代―二一世紀初頭の時期になると、国民所得の伸び率が低下し、資産収益の伸び率がふたたび拡大し始めることによって、資本収益率と国民所得の伸び率との差はふたたび拡大する。

さらにピケティは、世界各国の富裕層上位一〇〇〇分位、一〇〇分位の社会層の保有資産が世界の総資産に占める比率を検討することによって、その比率が一九八〇年―二〇一〇年に急増していることを確認する。

以上の統計分析を通して、ピケティは新自由主義の時代を、所得格差だけでなく資産格差が拡大している時代として特徴づける。ピケティがとりわけ注目するのは、この格差の根源に相続財産の比重の高まりが見られることである。国民所得に占める相続フローの比率が、欧米諸国、新興諸国を問わず高まっている。つまり、新自由主義の時代は、かつて一九世紀の資本主義において見られた相続財産の集中がグローバルな規模で復活しつつある「グローバルな世襲資本主義」であることが裏づけられる（ただし、一九世紀とのちがいは、世襲中流層が広範に生まれたということと、高額の経営報酬を獲得するスーパー経営者が出現したことにある、と言う。この後者については後述）。

以上のピケティの分析は、本書が刊行と同時に世界的に注目されて以来、多くの論者によって解説され、よく知られていることである。だが、ピケティの分析であまり注目されていない論点がある。かれは統計データの分析をとおして、グローバルな世襲資本主義の実態を分析しただけではない。新自由主義の時代になぜ格差がこれほどに拡大したのか、その仕組みと原因を問うている。ピケティはこの問いに答えるために、社会的格差がひとびとによってどのように表象され正当化されているのか、という点に着目する。

重要なのは、格差の大きさそのものではなく、格差が正当化されるかということなのだ。

（Piketty T.［2013］邦訳二七四頁）

そしてピケティは、一九世紀の時代と新自由主義の時代を比較して、「格差の社会的表象が変わっ」(ibid., 邦訳四三五頁)たことに目を向ける。

一九世紀においてひとびとは格差をどのように表象していたか。ピケティはそれを読者に伝えるために、バルザックやオースティンの小説を引用する。一九世紀の小説では、才能、勉強、努力によって社会的成功を目指すよりも資産家の娘と結婚して相続財産を手に入れる道が推奨され、相続財産による富の獲得が当然の行為として正当化された。つまり、一九世紀の時代には、労働による所得よりも相続財産とそこから得られる所得の比重が圧倒的に大きかったこと、そして詐欺・誘惑などの不道徳な手段を用いて資本を独占することが暗黙のうちに正当化され、妥当なものとみなされていたことがわかる。

これに対して、二一世紀初頭の新自由主義世界では、一九世紀と同様に相続財産の比重が高い超世襲社会であり超格差社会であるにもかかわらず、格差の表象は異なっている、とピケティは言う。今日支配的な表象においては、相続財産にもとづく不労所得の獲得が不道徳、不正義なこととして非難され、個人の能力や勤労にもとづく所得こそが正当なものとみなされている。

このような極端な能力主義的世界観が支配していることには理由がある、とピケティは言う。それは新自由主義の社会が超世襲社会であると同時に、巨大企業の経営者が巨額の報酬を獲得する「スーパースターの社会」(ibid., 邦訳二七四頁)であるためだ。とりわけ米国ではスーパー経営者の出現によって資本所得の格差だけでなく、労働所得の格差が極端に拡大した。

では、スーパー経営者の報酬は、はたして個人の能力や勤労にもとづくものとみなしてよいのだろうか。経済学説では、労働の所得は労働の限界生産性によって、つまりその労働が付加価値総額に占める貢献度によって決まるものとされている。しかし、スーパー経営者の巨額の報酬は、はたしてそのような付加価値生産への貢献度によって決められているのであろうか。ピケティは否、と言う。経営者の報酬を決定するのは企業の報酬委員会であるが、そこでは人間関係や社会の規範が作用しており、高額の報酬はそれを容認する社会的合意に支えられている。むしろ、経営者の高額の報酬は、企業の生産性上昇率が鈍化した時代にかえって急増している。

ピケティは経営者の報酬が引き上げられた理由のひとつとして、高額所得者の最高限界税率を引き下げた税法制度の改革を挙げる。一九八〇年代以降、米英で所得税および相続税の最高限界税率が大幅に引き下げられた結果、〇・一%の最富裕層の所得が急増した。そして税率の引き下げは、トップ経営者の報酬増額へのインセンティブと政治力を大いに高めた。

要するに、資本の本性は一九世紀も、二一世紀の今日も変わらない。資本のすがたは綿織物から自動車やコンピュータに代わっても、資本が不断の自己増殖の運動をとおして不労所得を獲得する活動だ、という資本の本性に変わりはない。

資本は決して穏やかではない。常にリスク志向で、（少なくともはじめのうちは）起業精神にあふれているが、十分に蓄積すると、必ずレント〔不労所得―引用者〕に変わろうとする――

それが資本の天命であり、論理的な目標だ。（ibid., 邦訳一一二頁）

個人の才能や勤勉にもとづく投資活動であっても、蓄積をくりかえし富の増殖を推進するうちに、その活動は不労所得の自己増殖へと反転する。

バルザックの『ペール・ゴリオ』（一八三五年）では、パスタづくりと小麦粉を取引していたゴリオが、やがて事業を売りに出して、公債を購入し、不労所得生活者に転ずる。そしてバルザックの時代はこのような不労所得生活が是認されていた。

それに対して、今日ではその不労所得が不道徳なこととして非難される。たとえば、能力と企業努力で富を築いたビル・ゲイツが賞賛される一方で、森林、石油、ガス、アルミニウムなどの自然資源を領有したり不動産や株式レントで巨額の利益を上げる資産家に対しては非難が浴びせかけられる。とりわけ、この不労所得の取得者が非白人である場合にその非難はいっそう強まる。そこに人種主義のにおいすらかぎとることができる、とピケティは言う。

だが、ビル・ゲイツにしても、能力と企業努力だけで資産を築いたわけではない。かれが手に入れた巨額の資産は、けっして能力と企業努力の賜物だけではなく、幸運や独占レントに依存している。つまり、こんにちの世界では、能力主義による所得の正当化が、不労所得による資産の増殖を強化し正当化する言説として機能しているのである。

「ビル・ゲイツ崇拝としか言いようのないものはまちがいなく、格差を何とか正当化したいと思っている現代の民主的社会の明らかに抑えきれないニーズが生み出したもの」(ibid., 邦訳四六一―四六二頁)にほかならない、とピケティは言う。

自由、民主主義、能力主義の言説がその正反対物の不労所得の自己増殖と極端な富の格差を生み出す神話として機能する、というレトリックをここに読み取ることができる。

2 二一世紀における「領有法則の転回」(マルクス)

「格差が血縁関係やレントではなく能力や努力に基づいた社会」(ibid., 邦訳四三八頁)というこの社会通念が、格差を合理化し格差を再生産している。これはマルクスがかつて資本蓄積論において洞察した「領有法則の転回」のレトリックが二一世紀の今日にも貫かれていることを意味している。

マルクスは資本の蓄積過程が一〇〇%自己労働にもとづく私的所有から出発したとしても、その過程が反復されるなかで一〇〇%他人の不払い労働にもとづく私的所有へと反転する、ということを資本蓄積論で開示してみせた。自己労働にもとづく私的所有という経済学的神話は、こんにちスーパー経営者の高額報酬を正当化する言説において、ビル・ゲイツ賞賛の言説において、生き続けている。

ピケティには、マルクスが解明した剰余価値論も搾取理論も欠落していることは言うまでもない。だが、資本主義における富の表象様式(商品・貨幣・資本形態)が階級と支配をいかに生み出すのかというテーマこそ『資本論』が追究した根本的課題であった。自己労働にもとづく私的所有の神話性こそが階級と支配を生み出す原理であることを解き明かしたのが『資本論』であったことを考えるとき、ピケティが洞察したのは、二一世紀初頭におけるマルクス的課題であることが見えてくる。

マルクスは『資本論』第一巻の最終章第二五章「近代植民論」で、「領有法則の転回」を「自由な移民によって拓殖される処女地」（Marx K. 邦訳五九三頁）である米国のうちに読み取る。そのような植民地では、自己労働にもとづく私的所有が資本蓄積を推進するための重大な障害をなし、そのような所有形態を暴力的に破壊することなしに資本蓄積が進まないことを明らかにした。米国という「新世界」は、資本制的な私的所有が「自己労働に基づく私的所有の破壊、すなわち労働者の収奪を条件とする」（ibid., 邦訳六〇五頁）ことを語り出し、ウェークフィールドが洞察したように「組織的植民」による「植民地における賃労働者の製造に務める」（ibid., 邦訳五〇九頁）という課題に迫られる。

この課題はマルクスの予言通り、マルクスの死後に実現された。一九世紀末から二〇世紀初頭にかけて米国で創出されたテイラー・フォード主義の大量生産方式は、南欧・東欧からの大量の「新移民」の「製造」によって補給されてはじめて可能なものとなり、米国型資本主義が二〇世紀を代表する蓄積体制として確立したのである。これらの「新移民」と呼ばれるひとびとは、かつて一七世紀にアメリカに渡ったピューリタンの旧移民とは異なり、「新大陸」で土地や資産を保有して労働する自己労働にもとづく私的所有者ではもはやなく、東欧、南欧の農村を出て米国に渡り、工場のベルトコンベアーで単能工として働く無産プロレタリアートとなったのである。二〇世紀型大量生産方式は、これらの労働者の無償労働の収奪に支えられて資本の強力な蓄積過程の推進を可能にした。つまり、マルクスが語るように、「労働の社会的生産力の発展、すなわち協業・分業・機械の大規模な応用などが、労働者の収奪とそれに照応する労働者の生産手段の資本化なしには不可能」(ibid., 邦訳五〇九頁) であることが、資本主義の発展とともに歴史的にも立証されたのである。

この領有法則の転回こそ、極端な格差の根源に潜むレトリックにほかならない。マルクスが洞察したこのレトリックが、彼の死後百数十年を経た二一世紀初頭に米国で繰り返されていることをピケティは暴き出す。ピケティは、一八〇〇年前後の米国が旧ヨーロッパと比べて格差が小さかったこと、その理由が富をもたない移民がヨーロッパからやってきて自己労働から始めたこと、土地が広大で資産価値が低かったことを指摘すると同時に、その米国が二〇世紀後半にはヨーロッパをしのぐ格差社会へと反転した、と語る。

この反転こそ、マルクスが近代植民論においてとらえた領有法則の転回を裏づけるものであり、ピケティは所得のデータ分析を踏まえて、三〇〇年近い米国の資本蓄積の歴史のうちに領有法則の転回の論理を読みとったのである (ただし、この領有法則の転回の過程には、アメリカ大陸における先住民の土地収奪、資源収奪、文化破壊行為、先住民の殺戮と奴隷化という大規模な本源的蓄積過程のあからさまな暴力が随伴していることを忘れてはならない。アメリカ大陸はけっしてマルクスが言うような「自由な移民によって拓殖される処女地」(ibid., 邦訳五九八頁) などではなかったのだ)。

資本主義のこのような長期的な動態の過程をふりかえるとき、新自由主義の時代とは、相続財産の不平等と富の格差が支配する「新しい世襲資本主義」（Piketty T.［2013］邦訳一八一頁）の到来であり、しかもそのような不平等や格差が能力主義と自由という経済学的神話によって生産され正統化される社会であることが明らかとなる。

この能力主義と自由の神話においては、労働そのものがあたかも資本であるかのように表象される。ゲーリー・ベッカーの『人的資本論』［1964］における労働の表象が、そのことを端的に語り出す。古典派経済学は労働を土地・資本と並ぶ生産の三要素の一つとして、使用価値の視点からとらえたが、これに対して、ベッカーは労働を価値の視点からとらえ、しかも土地や資本と同様に価値を増殖させる資源とみなす。

つまり、労働者は、労働という資源を使ってできるだけ多くの収益を得ようとする企業家として表象される。フーコーが指摘するように、ベッカーにとって、労働とは「労働する者自身によって実践され、活用され、合理化され、計算される経済的行い」（Foucault M.［2004b］邦訳二七五頁）とみなされ、労働者は自己の労働にはらまれる適性・能力などの要素を発揮してより多くの収益の獲得をめざす「能動的な経済主体」（ibid., 邦訳同頁）として、つまり資本家として表象されるのだ。

ベッカーのような人的資本論の眼を通すと、難民までもが「資本家」になる。貧困国から富裕国に移住して自己の所得水準を上げることは、自己の能力の資産価値を高めるひとつの手段とみなされるからである。移住という行為は投資活動とみなされ、移住者は投資家とみなされる。

「移住者は、ある種の改善を得るためにいくらかの投資を行うような、自分自身の起業家なのです」

(ibid., 邦訳二八三頁)。かくして、「そうだ、難民しよう!」(はすみとしこ[2015])という新自由主義の神話に憑りつかれたイラストレーターのキャッチコピーが出現する。そしてこのキャッチコピーは、容易に人種主義や排外主義の社会感情を誘発する(第I部第3章で見るように、フーコーが洞察した新自由主義と人種主義の親和性がここにすがたを現わす)。

こうして、産業資本、金融資本、知識資本、土地資本をふくむあらゆる資本が人的資本の表象によって、つまり企業家が自己の保有する諸種の資産を自己の適性や能力を発揮して運用し収益をもたらすもの、として表象されるようになる。地代、配当、利子、利潤、特許権・著作権などのロイヤリティ、賃金、手数料といったあらゆる所得形態は、人的資本の活動がもたらす果実という表象によってとらえられ、この表象を通して新自由主義の神話は完成する。この神話が相続財産と不労所得の自己増殖を支え、根拠づける。

それゆえ、ピケティが言うように、資産価値の比重が高まり、資本所有者の不労所得が増大するのは、資本市場が不完全であったり不道徳な操作が行われているためではない。その逆に、格差の拡大は、資本市場が純粋で完全なものになった結果として生じてくるのだ。ピケティが資本所得の収益率が国民所得の成長率を上回る不等式 r > g をなぜ提示したのか、その理由は、自由競争と能力主義の表象のもとで不労所得の偏在が進展しているというパラドクスを訴えたかったからにほかならない。

ピケティは「分配の問題を経済分析の核心に戻す」(Piketty T.[2013] 邦訳一七頁)ことによって、

新自由主義の学問的概念装置から排除された分配と格差の問題を正面に据えた経済学研究を提示しただけでなく、市場経済がその本性において分配の不平等および格差を生み出すシステムであることを暴き出したのである。

そしてこの暴露は、市場経済、あるいは資本主義が個人の尊厳や民主主義と親和的であるという市民社会の通念を打ち砕く。ピケティの言説がアカデミズムの領域を超えて市民社会に及ぼした衝撃力はここにある。ピケティは、市場経済は格差を押し拡げる強力な力を発揮するので、「民主主義社会や、それが根ざす社会正義の価値観を脅かしかねない」(ibid., 邦訳六〇一頁)と言う。ピケティは、社会民主主義や社会主義の視点から市場経済を批判するのではない。市場経済が個人の能力や労働を平等に保障するという新自由主義と同じ理念に沿って統計分析を進めた結果、資本主義がこの理念を裏切る、ということを発見するのだ。能力主義の神話にかりたてられた市場の自由競争が、民主主義、分配の平等、社会正義を破壊する暴力を発動することをピケティは暴き出したのである。

3　世襲資本主義の動態——バルザックの読み方

ピケティは、資本主義が世襲財産の相続によって富を増やし格差を拡大する道が二一世紀に入ってむしろ深化している、と言う。したがって、二一世紀資本主義は一九世紀の「古典的世襲社会」を克服するどころか、さらに肥大化した「グローバルな世襲資本主義」となるであろう、と予測する。

ただし、ピケティによれば、二〇世紀以降の資本主義の新しい現象は、「世襲中流社会」の出現にある。一九一〇―一九四五年における世界大戦のショック期に一時格差が縮小したのは、上位一％の富裕層が保有する富の一部が中流層に移転したことによる。この移転によって、一八七〇―一九一〇年のベルエポック期ほどの極端な格差が緩和され、資本主義は「少数の非常に極端な不労所得生活者がいる社会から、そこまで富裕ではない不労所得生活者が多数いる社会、お望みならプチ不労所得生活者社会へと移行した」(ibid., 邦訳四三七頁)。

このように格差の様態は変化したとはいえ、現代社会が相続財産を確保しその富を増殖させる世襲資本主義であることに変わりはないし、その傾向が今後ますます強まることが予測される、ピケティはこう主張する。

だが、注意すべきなのは、この世襲社会が先近代社会のような固定した身分制秩序に立脚する社会ではない、ということである。この世襲社会は、ひと、もの、かねがたえず移転し流動化する資本の循環＝蓄積運動の上に成り立っている。たえざる社会移動と流動化をとおして不断に価値増殖を遂げる資本の総過程的な運動が、この運動をとおして生み出される膨大な富を特定の階層に集中させ、その階層だけが富の恩恵に持続的に浴する世襲社会を生み出すのである。世襲資本主義は、たえざる移動や流動化の運動が社会階層間の分断化と固定化を生むという逆説的な仕組みから成り立っている。

ピケティは、一九世紀資本主義においてひとびとの社会生活がいかに世襲財産の相続に左右されていたかを示すために、バルザックの小説『ペール・ゴリオ』を援用する。若き貧乏貴族のラスティニャックは、同じ下宿の同居人から、勉学・才能・努力で社会的成功を狙うよりも有産階級の女性と結婚してその財産を相続するほうがはるかに巨額の富を獲得することができる、と説得される。労働によって得られる所得よりも資本の所有権から生ずる所得のほうがはるかに大きかった一九世紀のフランス資本主義の現実を、ピケティはバルザックの小説を援用してわかりやすく紹介する。

だが、じつはバルザックは、近代の資本主義について、富を増殖する手段としての財産相続の重要性を強調するだけにとどまらず、富の増殖が資本の動態的運動をとおして遂行されることを、したがって財産相続はこの資本の動態的運動の派生的な帰結であることを、描き出している。

バルザックの小説のうちに近代資本主義の原理とその原理にもとづく大都市パリの社会生活の変容を読みとったのが、D・ハーヴェイの『パリ――モダニティの首都』[2003]である。ハーヴェイが注視するのは、当時のフランス社会が土地所有から貨幣へと富の原理を転換させる動態にバルザックが眼を向けている、ということである。

旧体制の貴族社会が市場社会へと移行する過程で、富の源泉は土地から貨幣へと移行し、貨幣の獲得をめぐって蒼然たる争いがパリを舞台に繰り広げられる。バルザックは、土地所有に立脚する農村の穏やかで温かい暮らしと、貨幣に立脚する大都市パリの壮絶な富の争奪戦を対比し、農村のうちに大都市の喧騒から逃れた牧歌的な平和のユートピアを見出そうとする(Harvey D.[2003]邦訳三八頁)。だが、農村における平和のユートピアは、貨幣の権力が支配する市場経済へと社会が移行するにつれて幻想と化し、貴族階級までもが貨幣の力を必要とするようになって、株や不動産の投機、セックス、権力等あらゆる手段を駆使して貨幣を手に入れようとやっきになる。この飽くなき貨幣の追求が都市の生活を混乱に陥れ腐敗させる。

このような市場経済および貨幣を原理とする社会の動態的な変容とひとびとの社会意識の転換をつぶさに描き出すことがバルザックの小説のモチーフであった。勉学・勤労・才能よりも相続財産を手に入れるほうが富の獲得に有利だという選択は、社会の権力が土地所有から貨幣に移行する過程で貧乏貴族が直面する貨幣の増殖の方法をめぐる選択のひとつにほかならない。その選択の根源で進行している歴史的動態を洞察することによって、はじめて相続財産による富の獲得という行為の歴史的な意味を十全に理解することができる。

パリでは、「貨幣と快楽がすべてその中心」にあり、「資本の循環が仕切っている」(ibid., 邦訳四七頁)。パリでは、あらゆるものが金銭で見積もられ、利潤の獲得のための冷徹な計算とエゴイズムが支配する。ハーヴェイはバルザックのつぎの一文を引用して、パリという都市が経験している事態を読者に理解させようとする。

パリでは「貴賤貧富あらゆる社会的成長の中にある人々は、走り回り飛び跳ね、また『必要』という無慈悲な女神――金銭・名誉・享楽の必要――に鞭うたれて跳ね回る」(ibid., 邦訳四七頁)。

財産相続による富の蓄積は、資本のダイナミックな循環運動を推進する一モメントであり、その派生的様式である。ハーヴェイは、ブルジョアジーをはじめとするひとびとの策を弄した貨幣的富の追求の行動様式がパリの都市空間にどのように投影され、都市空間が生産されているのかをつぶさに考察する。サンジェルマン通り、商業地区、株式取引所といった空間がつぎつぎと建設され、スペクタクルの空間が組織される。その結果、パリは「製造工場と享楽のための広大な大都市的作業場」(ibid., 邦訳四六頁)へと変貌を遂げる。ハーヴェイはバルザックが小説で描いた当時のひとびとの欲望と感情と行動が、パリの都市空間に映し出されたすがたに着目する。この資本の欲望は、やがてジョルジュ＝ウジェーヌ・オスマンという人格を介してパリの大規模な都市改造計画へと結実していく。

才能と努力に賭けるか、遺産相続に賭けるか、というラスティニャックの選択は、近代の資本の欲望を生きる物象化された人格の選択であり、この選択をとおしてひとびとは私的利益を追求する飽くなき資本の循環運動の人格的担い手へと転成を遂げる。

バルザックの小説と同時期に、カール・マルクスは『経済学批判要綱』(一八五七—五八年)というノートを執筆し、資本の価値増殖の無窮動的運動が地球的規模で進展し、空間と時間を圧縮する資本の巨大な「文明化作用」に着目していた。世襲財産の相続が富の極端に不平等な配分をもたらし、労働所得に比して資本所得が急速に増大するという「世襲資本主義」は、資本のこの無窮動的蓄積の運動が分配レヴェルで展開される様相だったのである。

二　「市場のユートピア」の神話作用――カール・ポランニー

自己労働にもとづく私的所有の表象、あるいは個人の才能や適性を所得の源泉に求める人的資本という労働の表象は、市場経済と資本主義のシステムを生産する原理であり神話である。労働（労働力）とは市場で取引される商品であり、その商品化された労働こそが富と成長の源泉であるという表象がそこには根づいている。

この表象が近代資本主義の誕生と不可分のものであることを開示した経済学者、それがカール・ポランニーである。かれは、市場の自己調整機能こそが社会の効率的な組織化を可能にすると考える思想を「経済的自由主義」と呼んで、この思想に即して築き上げられる社会を「市場社会」と名づける。社会のあらゆる領域が市場の自己調整機能によって組織されるようになればなるほど、その社会は多くの自由と富を手に入れることができる、というのが経済的自由主義の思考である。そしてこの思考は、現実の社会を市場の自己調整機能によって作動するように改変しようと社会への介入を図る。一八世紀以降の資本主義の歴史は、このような市場の自己調整機能に沿うように社会を改変する介入によって推し進められてきた。

その代表的な事例が労働市場の創出である。労働能力を商品として売買する労働市場が成立し機能するためには、労働能力と不可分に結びついている共同体的な諸関係、土地や自然と労働能力の結びつき、生活文化と労働能力の結びつきを解体し断ち切って、ひとびとをむきだしで裸の無産者にしなければならない。そうしてはじめて労働能力は市場で販売可能な商品となる。

経済的自由主義を現実化するために労働市場を創出しようとするこころみを、ポランニーは一八世紀後半以降イギリスでくりひろげられた救貧法論争のうちに読み取る。イギリスでは、一八―一九世紀にキリスト教の伝統にもとづいて貧民を救済するためにスピーナムランド制度が設けられ、貧民を保護していた。この制度を攻撃してその廃止を主張したのが、マルサスの『人口論』をはじめとする古典派経済学者で、かれらは貧民を保護する救貧法こそ貧民から勤労意欲を奪い、かれらを怠惰にし、社会を衰退させる原因だとして、スピーナムランド制を非難する。貧民が飢えにかりたてられて労働市場でみずからの労働力を商品として売りさばくようにすることこそが社会と富を発展させることになる、古典派経済学はそう主張する。

労働する者を支えていた共同体を破壊し、かれらを無産者化して労働市場へと追いこむこの動きをポランニーは「悪魔のひき臼」と呼ぶ。このような生活文化や共同体に対する破壊的暴力を発動する根拠となった言説、それこそ「市場のユートピア」という神話を生み出した古典派経済学の言説にほかならない。

キリスト教の共同体が慈善と相互扶助によって労働不能者や貧者を救済し、私益の経済行為を抑制し、すべてのひとびとを共同体に包摂する倫理と社会規範をもっていたのに対して、古典派経済学は自助を原理とし、営利を追求する経済行為を是認し、飢餓にかりたてられた労働を正規の労働として承認する。こうして、古典派経済学の言説は、市場の競争原理を新しい社会観として提示することによって、ひとびとの思考と行動をこの原理に向けて導く神話として強力に作用するようになる。

資本主義は、その誕生の当初から「市場のユートピア」の言説によって社会を組織することにより、ひとびとの生活を破壊し、民主主義を抑圧して、社会を危機に陥れる暴力的作用を発揮したのである。

だから、市場のユートピアの言説のうちにすでに新自由主義の神話の起源を読み取ることができる。だが、市場の自己調整機能による社会の組織化は、しだいにうまく作用しなくなり、その破綻がファシズムと世界大戦をもたらす。一九三〇年代における破局の根源に経済的自由主義の神話の破綻を読み取ったのが、ポランニーの『大転換』（原著、一九四四年）であった。

一九世紀後半以降、市場の自己調整機能による経済の組織化はゆきづまり、生産、雇用、所得が減退し、不況は長期化する。国家はこの機能障害を調整するために、社会政策、経済政策を通して市場に介入する。ここで経済的自由主義の理念は、市場経済と民主主義との深刻な対立に直面する。

一九世紀に定着した市場のユートピアの信念、それは金本位制である。金本位制の自動調整機能こそ、市場の自己調整機能を支える根幹にあるという信念によって、各国は金本位制度の維持を経済政策の最優先課題に掲げ、雇用や所得の保証よりも通貨の安定を重視する。しかし、この政策はデフレ政策と緊縮財政を強化することによって、国内需要の減退、成長の低迷、失業と貧困の悪化を招き、国民に深刻な経済的打撃をもたらす。

経済的自由主義を貫こうとする政策が国民経済を危機に陥れ、その危機に対応するために各国はしだいに保護主義的な政策をとるようになり、やがて植民地を拡張し自国の経済ブロックを確保しようとする。この追求が列強の帝国主義的対立を激化させ、二つの世界大戦を招くことになる。

ポランニーにとって、一九二〇―三〇年代の危機は、市場の自己調整原理を貫こうとする経済的自由主義が各国の保護主義的・帝国主義的対立を招き、世界経済の崩壊にゆきついた結果であった。それゆえ、若森みどり［2015］は、一九三〇年代のこの破局を「市場社会の危機」、「劣化する新自由主義」（二一九頁）と呼ぶ（なお、本節のポランニーの論述については、若森みどりの書に多くを負っている）。

このようなポランニーの経済的自由主義批判を介して新自由主義をとらえ返すとき、一九八〇年代に出現した新自由主義は、一九三〇年代にすでに劣化し破綻した経済的自由主義が、亡霊のようにして第二次大戦後によみがえったものであることがわかる。

新自由主義の源泉は、経済的自由主義の言説を現実に貫こうとする暴力的作用にある。このことをポランニーはすでに二〇世紀前半の時点で察知していたのである。

新自由主義が唱えるような市場の自由な取引に社会を委ねておくと、それはかならず政治的・軍事的な紛争を惹起し、民主主義を抑圧する結果を招く。この事態を回避するためには、民主主義によって市場取引を制御するしかない。ポランニーのこの視点を前節で見たトマ・ピケティも共有していた。ピケティは、中東諸国における石油の資本取引を無規制のままに放置しておくと、かならず石油レントをめぐる権威主義的、暴力的な紛争を招く、と警告する。

かれは、石油販売の売り上げの投資によって資産を急増させた石油輸出国のソヴリン・ウェルス・ファンド（石油、天然ガスなどを原資として政府が出資する投資ファンド、世界の総資産額は二・五兆ドルで、ヘッジファンドを上回るとされている）をとりあげ、この資産が今後大幅に増加して、欧米諸国の政治的反発を引き起こすことを懸念している。この懸念はすでに現実の国際紛争として勃発していると して、一九九〇―九一年の第一次湾岸戦争におけるイラクのクウェート侵攻の事例を挙げる。

イラクはこの侵攻によって小国クウェートの石油資源を強奪しようとしたが、これに対して欧米諸国が軍事介入によってクウェートの所有権を確認する。このような資源の配分をめぐるイラクと欧米諸国の戦争状態の出現は、富の分配を市場原理にゆだねることによって富の一極集中を招き、その政治的反発が軍事的紛争をもたらしたことを物語っている。ピケティは「世界の資本分配の動学は、経済的であると同時に、政治的、軍事的でもある」（Piketty T.［2013］邦訳四七五頁）ことを指摘し、新自由主義的な市場原理にもとづく資本分配が政治的紛争や軍事的対立にゆきつくことを見逃さずにとらえている。

もしも中東に民主的なコミュニティが形成され、天然資源の共有財産化と共同管理の体制が整備され民主主義的な討論が保証されていれば、石油レントの公平な分配を実現することができる。あるいは石油レントの取引に資本税を課することによって石油レントの公正な再分配の道を探ることもできる。市場取引が民主主義によって制御されないとき、それはかならず政治的・軍事的な紛争へと転ずる。ピケティのこの主張は、市場の自由な取引を貫こうとすると、国家間の政治的・軍事的な対立を招き民主主義を抑圧すると唱えたポランニーの『大転換』に共鳴する視座であると言えよう。

三　自由主義的統治と自由の神話——ミシェル・フーコー

ポランニーが新自由主義の根源に読み取った「市場のユートピア」という言説には、近代に固有な権力が作動している、このことを洞察したのがミシェル・フーコーの『生政治の誕生』である。一九七八―一九七九年にコレージュ・ドゥ・フランスでおこなわれたこの講義で、フーコーはすでにこの時期（一九七〇年代末）に、第二次大戦後の組織資本主義の国家から新自由主義の国家への巨大な転換が進展しつつあることを洞察していた。フーコーは、この講義で、ドイツと米国の新自由主義の言説に大幅な紙幅を割き、詳細な検討を加えている。そこでフーコーが新自由主義のうちに読み取ったものは、民間活力の重視、規制緩和、小さな政府といった通常の新自由主義観とはまったく正反対のものであった。

フーコーが着目するのは、新自由主義における国家と市場（あるいは経済）との節合関係の巨大な転換である。従来、近代国家は国家理性の担い手であり主権の保有者として市場経済を監視する主体とみなされていた。これに対して、新自由主義の思考は、国家を国家理性の視点からではなく市場経済の視点から位置づけ直そうとする。

しかも、新自由主義は、国家に対して市場に介入してはならない、と要求するのではなく、国家に市場への積極的な介入を要求する。つまり新自由主義は、国家を市場経済による監視の下に置いて、国家に市場の自由を組織するという任務を授けようとする。新自由主義にとって、市場経済は「国家の存在およびその行動を端から端まで内的に調整する原理」（Foucault M.［2004］邦訳一四三頁）となるのである。市場経済から出発して、国家と社会をいかにかたちづくるか、これが新自由主義の課題として設定され、市場経済は「国家に形式を与え社会を変革する」（ibid., 邦訳一四四頁）規範となる。

そこから引き出されるのは、国家がいかにして市場経済の諸原理にもとづいて政治権力を行使し社会を規則づけるか、という課題である。国家はもはや市場を放任し市場の自由に任せるのではなく、市場の競争が首尾よく作用するように現実の市場空間を整備するという積極的な役割をあたえられる。新自由主義者はこれを「積極的自由主義」あるいは「介入する自由主義」（ibid., 邦訳一六五頁）と呼ぶ。

国家は、市場の円滑な機能を保証するように法的な整備をおこない、そのような機能を果たすことによって国家の正統性を保つ。だから、市場経済は、物質的な富を生産するだけでなく、経済的自由というコンセンサスを生産し、国家の正統性を生産する。こうして、国家は「経済的国家」へと、さらには「ラディカルに経済的な国家」（ibid., 邦訳一〇四頁）へと変貌を遂げる。

このような市場の競争的秩序を整備しつくり出すための国家の強力な市場介入の必要性は、フーコーが指摘するように、すでに一九四七年にハイエクの呼びかけで開催されたジュネーブのモンペルラン会議で議論されていた。ハイエクはそこで経済というゲームに法的な枠組みをあたえる国家の役割を強調する。市場経済は自然発生的な秩序であるだけでなく、所有・契約・特許・雇用・職業団体や会社の規定など国家による法的な整備を必要とするもので、法の整備によってこそ経済秩序の統治は可能になる、と。

これに対して、古典派経済学は、市場の円滑な機能にとっていかなる法律上の枠組みが必要であるか、という問いを発することはなかった。だが、国家がこのような法律上の枠組みの整備に積極的に関与して初めて市場の自由競争は順調に作動する。こうしてフーコーは、古典的自由主義における自由放任主義と新自由主義における国家の強力な法的介入主義とのちがいを強調する。

この新自由主義における国家の介入主義についてのフーコーのこのような論述は、これまでにも何人かの論者によって取り上げられている。だが、フーコーが本当に言いたかったのは、古典的自由主義と新自由主義をこのように峻別することではない。フーコーが注目するのは、この二つの自由主義がともに国家理性の権力とは異なる独自な権力の機能様式だ、ということである。フーコーは、古典的自由主義と新自由主義の双方に作動する権力を「自由主義的統治」と呼ぶ。

自由主義的統治は、国家理性による統治とどのように異なるのか。一八世紀のヨーロッパを支配していた権力は国家理性による統治であり、そこでは、国家が商業取引の場である市場を統治し、市場を基盤にして国富を増進する政策（重商主義）がとられた。だが、市場経済の発展とともに、国家理性に代わって、市場を「正義の場所」（ibid., 邦訳三八頁）とし「真理陳述の場所」（ibid., 邦訳四一頁）とみなす経済的理性がたちあらわれるようになる。国家に依拠するのではなく、市場に依拠した新しい理性が出現するのだ。この経済的理性は、市場の運動法則を自然的秩序とみなし、その法則を認識して、市場取引における売り手と買い手の自由を生産し運営するようにして作用する。このようなかたちで作用する統治、これが自由主義的統治にほかならない。

「自由主義、それは、絶えず自由を製造しようとするもの、自由を生み出し生産しようとするもの」（ibid., 邦訳八〇頁）である。市場におけるひとびとの自由を最大限引き出しながら、市場の自律した運動に身をゆだね、かつそこから最大限の効用を引き出そうとする統治の技法が、自由主義的統治と呼ばれるものである。だから、自由主義とは、個人の無際限な自由を放任する思想のことではなく、市場の自然法則を熟知し、その法則の真理に沿うようにひとびとの行動を調整することをみずからの課題とする思想なのである。

この自由主義的統治は、市場の自然法則を尊重するために、国家にできるだけ控えめであることを求め、市場への介入を最小限にとどめようとする。だが一九世紀末以降、市場の自然法則がしだいに機能障害を引きおこすようになってくると、自由主義的統治は市場の自然法則を貫徹するために国家の積極的な介入を求めるようになる。

こうして、新自由主義は古典的自由主義が問うことのなかった問いを提起するようになる。それは、市場の諸原理にもとづいて社会を規則づけるために政治権力をいかに行使したらよいか、という問いである。そこから新自由主義国家の積極的介入主義が生じてくる。つまり、新自由主義国家の強力な介入主義は、「自由主義的統治術のある種の刷新」（ibid., 邦訳二一七頁）によって出現したものであることがここに明らかとなる。

国家が社会に介入する媒介をなすのが法である。国家は、所有・契約・特許・会社法人・貨幣・銀行などの法的規定を市場の原理に即するかたちで整備することによって、自由主義の社会秩序を創設しようとする。

自由主義体制は、〔自然発生的秩序の帰結であるだけでなく――引用者〕国家の法的介入主義を前提とする法律上の秩序の帰結でもある。（ibid., 邦訳一九九頁）

このとき、法は市場が効果的に機能するのに適切な法として、効用あるいは有用性の視点から検討される。法は市民権や主権の視点からではなく、市場における効用の視点から整備され、制定されるのである。

自由の概念を市場の法則に還元し、この法則が効率的に機能するように国家が強力に介入する。そのような経済的国家の介入主義は、自由主義の統治術に起因しており、市場概念と不可分に結びついた自由の理念という神話に立脚していることがわかる。

法を媒介とした国家の市場への介入主義は、市民社会の転換をともなっている。二〇世紀の市民社会は、私的諸個人の物象（商品・貨幣・資本）を媒介とした市場取引の社会諸関係であるだけでなく、市場取引の外部にひとびとのおびただしい集合的行動を生み出すようになる。この集合的行動を組織し制御するために法的な整備が不可欠となる。こうして、「自由主義的統治術のある種の刷新」とともに、二〇世紀にこの集団的行動と法を考察する制度の経済学が出現する。米国の制度経済学の創設者であるJ・R・コモンズは、『制度経済学』［1934］で、資本主義が私的諸個人のたんなる集積から成り立つのではなく、それらの私的諸個人が、集合的行動をとおしてさまざまな結社や制度を生産することによって組織されていることに着目する。結社や組織を生産するためには法が要請される。たとえば、法人を設立するためには会社法が必要となる。コモンズは、二〇世紀の資本主義が結社や組織を生産する法的権利とともに生まれたことを強調する。

法人はビジネスマンの新しい権利、すなわち結社の権利を打ち立てた。この新しい権利は現代資本主義の始まりである。資本主義はアダム・スミスとともにではなく、ゴーイング・コンサーンとともに始まった。

（Commons J. R.［1934］邦訳、下、四二八頁）

フーコーの言う国家の法を媒介した市場への介入主義は、市民社会における自由主義的統治が呼び起こすものであって、国家が市場の外部から市場に介入するわけではない。制度経済学の言説は「自由主義的統治の刷新」とともに出現し、国家の法的な介入を呼び起こす、このことをフーコーは看破したのである（経済学の言説と権力との関係については、第I部第3章を参照されたい）。

カール・ポランニーが「市場のユートピア」を現実化する思考のうちに新自由主義の原理を見たのに対して、ミシェル・フーコーはこの「市場のユートピア」が発動する権力に着目し、市場の真理秩序にもとづいて自由を生産し運営する自由主義的統治のうちに新自由主義の根源を読み取ったのである。

四 「経済人間」と自由の神話――クリスチャン・ラヴァル

統治する者ではなく統治される者の自由を生産し運営する自由主義的統治は、その担い手として「経済人間」＝ホモ・エコノミクスを生産する。それは苦痛を避け快楽を追求するという功利主義の合理性にもとづいて個人のもっとも満足度の高い目標を設定し、そのための手段を探求するという目的合理性に支配された人間像である。この人間像は、狭義の経済的行為を超えて、あらゆる社会的関係行為にまで押し広げられる。フーコーは、結婚、犯罪、子育てなどの行為にホモ・エコノミクスのモデルを投影しようとする新自由主義の思考に注目している。

このホモ・エコノミクスの人間存在こそ、じつは近代の資本主義を出現させる根源にあるものだ、ということについて考察したのが、クリスチャン・ラヴァル『経済人間』である。ラヴァルは、この想像的フィクションとしての人間存在が一六―一九世紀の西欧でしだいに現実化し、ひとびとの行動を支配し、最高の社会道徳の地位にまで上り詰めるに至った歴史的過程を丹念にフォローする。

公の効用が優位を占め、純粋に個人的な利益が劣位に置かれていた古代・中世の道徳思想のなかから、しだいに私益の優位がたちあらわれてくる。貨幣の貸し付けや商人の営利活動が厳しく規制されていた時代から、金儲けや経理・計算による身の処し方が一般的道徳形式としてすがたをあらわし、利益という言葉が「世俗社会における個人生活の合理化の表現」(Laval, C.［2007］邦訳六一頁)となり、「人間生活の正当なイメージ」(ibid., 同頁)になっていく。やがて経理的・計算的精神にもとづいて合理的な経営をおこない、自分の生活を律する習慣が定着し、一七―八世紀の人間存在に一大転換を引き起こす。経済人間とは、「自分の人生の経理係」(ibid., 同頁)となり、自分の生活を合理的に運営して、そこから最大限の利益を引き出そうと努める人間存在にほかならない。

一五世紀以来出現した国家理性は、この利益と情念を生活の理念とする新しい人間存在を政治的に利用しようとする。国家理性は、利益と情念を原動力として生きる諸個人の行動に依拠して、国家の富裕化を図ろうとする。国家理性は、その意味で誕生の当初から「利益理性」(ibid., 邦訳七八頁)に依存した。倫理的・宗教的なカテゴリーに代わって、生産・富・通貨・住民・利益といった経済的カテゴリーが、国家理性による統治になじみの表現になっていく。

フーコーは、この「利益理性」(「経済的理性」)を国家理性に代わって一八世紀初頭に出現する自由主義の統治のうちに読み取るのであるが、注目すべきことに、フーコーも、自由主義の統治理性が国家理性のうちにすでにはらまれていたことをラヴァルと同様に洞察していた。フーコーは自由主義的統治が、国家理性の「最少統治理性」、「つましい統治」(Foucault M.［2004b］邦訳三二六頁)から出現してくるものとみなし、国家理性による統治と自由主義的統治との連続性に目を向けている。国家理性がもっぱら国家に準拠して統治をおこなうのに対して、自由主義の統治理性は、「利害関心に従って機能するような理性」(ibid., 邦訳五五頁)であり、そうであるがゆえに、国家は諸個人や諸集団、統治者と被統治者とのあいだの複合的作用に関心を抱く。新たな統治理性による統治は、国家にとってのみの利害関心ではなく、「複数の利害関心を取り扱うものなのです」(ibid., 邦訳五五頁)、と。それゆえ自由主義の統治理性は、国家理性による統治の変質から出現してくる、ということがわかる。

古代・中世の時代に悪徳と非難され、堕落した人間性の象徴とみなされた私的利益は、こうして公的な善行へと変質する。ラヴァルはマンデヴィルの『蜜の寓話』(一七一四年第二版)のうちに「私的な悪徳を公的な善行に変える」政治の技法を読み取る。政治とは、悪徳を善行に転換する大逆転の技術であり、近代に固有な統治の技法の原理をここにみることができる、と。

そこから、社会契約論の神話がたちあらわれる。社会契約の起点にあるのは個人の生存欲求という効用の視点であり、個人はその欲求にもとづいて苦痛を避け快楽を求める。万人がそのような生存欲求の行動に走るとき、闘争状態が出現し、社会秩序をうみだすために、社会契約による統治権の確立が国家を出現させる。

この思考を社会形成の原理にまで仕立て上げたのが、ベンサムの功利主義思想である。ベンサムの言説では、人間の行動がすべて欲求の満足と効用に還元され、自然も、世界存在も、すべからく「人間の欲求を満たすのに役立つ倉庫」（Laval, C.［2007］邦訳一七九頁）とみなされる。自然の事物も、人間も、人間の活動も、そのすべてが効用という観点から等価物とみなされ、比較衡量され、計算され、処理される。

こうして近代的個人は、自己の欲求を計算し、自己調整し、その判断にもとづいて行動する主体へと、つまり「経済人間」へと変貌する。またそのような主体になるべく、規律訓練を施される。この主体は快楽と苦痛を金銭によって計算し、等価の関係に置き、比較衡量し組み合わせてみずからの合理的な判断を形成する。近代国家の任務は、そのような自律した計算能力を備えた個人を育成することであり、国民の欲望・選択・行動を調査し、記録し、管理することに置かれる。

個人が自立して効用を計算することができるように法的な整備を行うのが、立法者の役目になる。国家はそのような「経済人間」の形成に向けて「人間を変革するための第一の道具」となり、「感受性を持つ個人を有効な行動の主体に仕立てる。そして彼の利益をときに刺激し、ときに引き留めて、利益の安定化を図り、とりわけ個人がつねに正しい計算によって自分自身の主人公でいられるようにする」（ibid., 邦訳三二三—三二四頁）。国家は、自己の感覚を統御し、自己の内発性を呼び起こし、効用を極大化するよう計算し、行動する個人を仕立てあげようとする。こうして、国家は効用を原理とする「経済人間」を生産する「政治的製造工場」(ibid., 邦訳三二二頁)となる。

功利主義にもとづく人間像と国家像の建設によって、公権力は伝統・禁欲といった宗教的・形而上学的な基盤から解き放たれ、効用に基盤を置く統治への道を切り開く。

だが、効用を原理とする社会は、万人が効用によって利益を得ることができるという信頼関係なしには成り立たない。誰もが他人に対して有用であり、他人から有用なものを得ることができるという効用の相互依存と相互連鎖によって社会の秩序は維持される。ラヴァルはこれを「見えざる鎖」(ibid., 邦訳二八二頁)と呼ぶ。近代社会を秩序づけるのは、「見えざる手」(A・スミス)ではなく、この「見えざる鎖」である。つまり、諸個人は自己を効用にもとづいて計算し、行動する主体として自己を規律訓練すると同時に、たがいがそのような主体として判断し、行動しているかどうかを相互に監視する装置が必要となる。ベンサムがパノプティコンという一望監視装置を考案した理由はそこにある。

パノプティコンは「相互観察の社会装置の凝縮体であり、決定版である。形をなしてはいないが、これは市場の原理そのものであり、われわれを規範として支配し、われわれはそれに従っている」(ibid., 邦訳二八四頁)。

フーコーは『監獄の誕生』でベンサムのパノプティコンを取り上げ、それを規律訓練権力の典型的事例として説明している。そこでもフーコーは、この装置が国家理性による統治の仕組みとしてではなく、ホモ・エコノミクスが自己を規律訓練し、たがいの主体を相互観察するための自由主義的統治の技法として例示している。

フーコーは『生政治の誕生』でも、パノプティコンが自由主義的統治から導き出される必然的帰結であると論じている。それはなぜか。自由主義的統治は、個人の私的欲求をかぎりなく拡張することによって個人や社会の安全を脅かす。この危険を防止するために、自由主義的統治には、自由に歯止めをかける管理・制約・強制の任務が必然的に求められる。つまり、経済的自由の拡張は、それと並行して諸個人を規律訓練する諸技術の発展を不可避的にともなうのである。フーコーは、ベンサムがパノプティコンを自由主義的統治の一般的な定式として提示したことを洞察していたことがわかる。

だから、フーコーはこう指摘する。パノプティコンとは、ベンサムにとって「学校や仕事場や監獄などの限定された諸制度の内部において個々人の行いを監視し、個々人の活動の収益性や生産性そのものを増大させることができるようにするための手続きとなるべきもの」(Foucault M. [2004b] 邦訳八二頁)であると同時に、それを超えて「イギリス法制の一般的体系化の企図」となり、「自由主義的統治の定式そのもの」(ibid., 邦訳同頁)となる、と。

パノプティシズム、それは、ベンサムにとって、統治の一つのタイプを特徴づける一般的な政治的定式なのです。(ibid., 邦訳八三頁)

フーコー、ラヴァルの考察を通して明らかになること、それは資本主義が狭義の生産様式を超えた効用を原理とする文明だということである。効用という規範にしたがって、個人はおのれの利益を追求し、みずからの行動を自己決定するように求められる。立法者はこの個人の行動をできるかぎり自由にさせるための法と制度を整備し、その条件を整える。

新自由主義は、数世紀の歴史を経て創造された効用を原理とする文明をさらに加速し、その文明を極限にまで聖化し、それを信仰にまで仕立て上げたものであることがここに明らかとなる。

むすび

新自由主義の根源には、ひとびとの意識と行動を市場へと呪縛する自由という逆説的な神話作用が潜んでいる。新自由主義の世界を生きるわれわれは、この自由の「鉄の檻」に閉じ込められ、その「鉄の檻」が設定する一般的な定式に沿って行動することによって社会の破局的なリスクを招いている。

自己の個人的利益を最優先し、他者との関係を自己の利益との関係によって判断する「経済人間」の出現は、数百年にわたるタイムスパンで行使された精神的・知的戦略がもたらした帰結であった。

利益と効用は西洋に精神的・知的大変化を生じさせた戦略的概念であり、自我を人間の中心

に立たせる基になった。　　　　　　　　　　　　（Laval, C.〔2007〕邦訳三九頁）

ポランニーが古典派経済学の言説のうちに読み取った「市場のユートピア」の思考は、人間的実践をすべて経済行為に還元し、効用と利益を基準に判断する経済人間を創造した、この数世紀にわたる知的・道徳的指導性がもたらした言説にほかならない。

そして、近代の国家は、この経済人間の情念と利益を最大限、政治的に利用して肥大化し、その強大な暴力を発動してきたし、新自由主義時代の今日においても「反テロ戦争」というかたちでその暴力を発動し、大量の難民を生産し続けている。

「反テロ戦争」とは、効用の文明が「自由」の理念のもとに生産した不公正で暴力的な世界の現実を「テロ行為」によって告発され突き付けられたときに、その文明の神話に取り憑かれたひとびとが引き起こす「集団的なヒステリー」現象である。

エマニュエル・トッド〔2016〕は、「私はシャルリ」と叫んでその「テロ行為」に反応する市民の行動のうちに、この現象を読み取る。シャルリとは、フランスの特権集団がその地位を脅かされたとき、不安に駆られて「表現の自由」を楯に、外国人恐怖とイスラム恐怖に陥る「集団的なヒステリー」現象である、と。

だが、この現象はフランスにとどまらない。自由の神話と効用の文明に浸りきった社会集団が、世界のいたるところでこのような「ヒステリー現象」を引き起こしている。アジアの近隣諸国から発せられる日本の性奴隷問題や強制連行への告発を「外圧」と受け止め、その「外圧」をヘイトスピーチに変換する日本、大統領選で移民の排斥と「アメリカ・ファースト」を叫ぶ候補者に熱狂する米国、がその一例である。

古代・中世社会において堕落と悪徳のシンボルであった情念・利益を社会の道徳原理にまで定着させた近代史の大逆転は、この知的・道徳的戦略がもたらした帰結であった。この大逆転が世界に破局の危機をもたらし、われわれの集団的自由をかぎりなくきり縮めている。わたしたちが新自由主義に向き合うということは、新自由主義の岩盤となっている数世紀にわたって蓄積されてきたこの知的・道徳的戦略と向き合うことであり、この戦略を再転換するという、巨大な社会闘争に着手することを意味する。

グラムシが実践の哲学として提示するヘゲモニーの概念は、この歴史動態における効用の文明と対決する戦略的概念として、あらためて考察の俎上に載せる必要があるのではないだろうか。効用という「鉄の檻」を抜け出し、みずからの五感をその呪縛から解き放って、他者と交感する人間存在へと自己陶冶する道、この道は多様なかたちで開かれている。この道こそが《市場選択の自由》という、自由の狭隘な理念から自己を解き放ち、集団的自由をわがものとする道である。

そしてこの再転換の歴史的事業は、すでに近代と同じタイムスパンの歴史的蓄積に支えられている。効用の文明に対するオルタナティヴは、効用の文明の内部で、あるいは植民地支配された世界各地の先住民族、民衆の抵抗のなかで培われている。西欧において相互扶助と友愛と協働を原理として組織されてきた諸種の経験（伝統経済の相互扶助組織、職人組合、労働者協同組合、共済組合、消費者協同組合など）、ラテンアメリカ、アジア、アフリカで取り組まれているさまざまな連帯経済の取り組み、人種主義、植民地主義の廃絶をめざす先住民族の闘い、反アパルトヘイトの運動、世界女性会議、国際人権法廷などの努力、のうちに、連帯・協働・集団的自由の理念にもとづく新しい文明の希望を読み取ることができる。カール・ポランニーが一九世紀の社会史のうちにたどった《経済的自由主義の原理》と《社会の自己防衛の原理》との対抗運動の歴史は、五〇〇年にわたる近代の社会史において貫かれていたのである。

第2章　グローバル資本主義の統治と「新しいコーポラティズム」

はじめに――グローバルな秩序を構成する権力

グローバリゼーションは、グローバルな市場競争を秩序づける独自な主権を生み出す。それゆえ、グローバリゼーションの時代とは、国家を超える主権が出現する時代の到来を意味する。ネグリ／ハートはこの主権を「帝国」と呼び、グローバリゼーションの時代を、各国の国家主権がその覇権を争い合った帝国主義の時代から区別した。

本章では、このグローバルな社会秩序を構成する権力がどのように発生するのかについての考察を、前章で見たミシェル・フーコーの統治性 gouvernmentalité の概念を手がかりにしてこころみたい。統治性とは、政治的主権の行使において統治者が被統治者を統治する実践の合理化のしかたである。

フーコー〔2004〕は『生政治の誕生』において、一九七〇年代末に出現した新自由主義の思想の発生源を、一六―八世紀の西欧における統治実践の合理化のタイプの転換に求めている。統治実践の合理化のタイプの転換とは、国家理性による統治実践から自由主義的統治実践への転換の謂いである。

本章では、フーコーのこの考察に依拠しつつ、グローバルな主権の発生源を自由主義的統治実践に求め、この統治実践が、国家・法・市民社会に及ぼす作用とグローバリゼーションとの関係について検討したい。

まずグローバルな市場の秩序が自由主義的統治術からいかにして発生するのかを検討する。ついで、自由主義的統治術が国家と市場の関係をどのようにして転換するのか、を考察する。自由主義的統治術は、自由放任国家ではなく、国家の法律を介した強力な市場介入を推進する。そして最後に、市場介入国家を通して、企業と政府の癒着の新たな体制（「新しいコーポラティズム」）が生み出されることを考察する。

この考察は、経済が政治をしもべとし、経済が国家理性を圧倒する時代がなぜ到来したのかについても、究明の糸口をあたえてくれる。

一　自由主義的統治実践とグローバリゼーション

フーコーは、国家理性による統治から自由主義による統治への転換にともなう国際政治のありかたの転換について、つぎのように説明する。

一六世紀のヨーロッパにおいて、統治の合理性を根拠づけていたのは国家理性であった。そこでは、国家が至高の存在であり、国家の維持と強化のためにすべてを従えるような統治実践がおこなわれた。たとえば、当時の支配的な経済学説である重商主義は、国富の増進を目的とする経済学説であり、国家理性にもとづく統治の主要な形態であった。重商主義は、貨幣を蓄積し、人口を増加させ、諸列強との競争を通して、国富を増進する政策を打ち出した。国家の内側を組織する内政が国家理性にもとづいておこなわれただけでなく、国際政治においても、国家が常備軍と常設外交という手段を介して国家間の均衡を維持する政治がおこなわれ、国家理性による統治が推進された。

> 重商主義、内政国家、ヨーロッパのバランス。こうしたすべてが、国家理性の原理に従って秩序づけられた新たな統治術の具体的な姿でした。（Foucault M.［2004］邦訳八頁）

国家理性にもとづく統治は、内政の対象に対しては、個々人の行動に至るまで介入し、無制限にかかわるのに対して、国際関係については、その統治が無際限に行使されるのではなく、他の諸国家との関係によって制限を受ける。

一八世紀なかばになると、このような内政における国家理性の過剰な統治に対する批判が生ずる。そして統治理性の自己制限が求められるようになる。この統治理性の自己制限を保証したのが、政治経済学である。つまり、重商主義の経済学から政治経済学への経済学説の転換が、国家理性による統治から自由主義的統治への転換を促す。そこでは、経済学の言説が統治実践の形式として作用したのである。

だが注意すべきことは、政治経済学は国家理性の外部から生じてきた言説ではない、ということである。政治経済学は、国家理性の外部でそれに対抗して出現した言説ではなく、本来、国家理性のもとで誕生した知の形式であった。政治経済学は、重商主義と同様に、国富の増進という国家理性の課題を掲げて誕生したからである。

では、同じ課題を担って出現した重商主義と政治経済学はどこがちがうのか。政治経済学が新たに発見したのは、「統治実践そのものに固有のある種の自然性」(ibid., 邦訳二〇頁)であった。政治経済学は、国家理性を尊重するのではなく、みずからが発見し、語り出す自然の法則を尊重する。

そしてこの自然の法則を尊重することが統治実践の主たる課題となる。統治実践はこの自然の法則を尊重することによって、その無制限な権力の行使に対してみずからを制限するようになる。つまり、国家理性の統治実践からすると、「自由放任」という原則は「統治理性の自己制限の原理」(ibid.,

邦訳二六頁）を意味する。フーコーはこのように、自由放任の原則を統治術の新しいタイプの合理性と規定し、この合理性を「自由主義」と名づける。

それでも、この自由主義という名の統治の合理性は、あいかわらず国家理性を維持するための原理であった。そうであるにもかかわらず、国家理性が統治の実践において介入する場所の特殊な本性によって、統治は、無制限の傾向を備えた統治性から「つましい統治」へと反転し、国家理性は「最小統治理性」（ibid., 邦訳三六頁）へと反転するのである。

統治の実践が介入する場とは一体どこなのか。それは市場である。政治経済学にとって、この市場こそ、真理が形成される場であり、正義の場所であり、「法陳述の場所」（ibid., 邦訳三九頁）となる。そうすると、政治経済学による市場のこの定義づけは、国家理性による統治に根本的な転換を迫ることになる。市場が真理を形成し正義の場所となりながら、なおかつ市場において統治の合理性が貫かれるためにはいったい何が必要なのか。つまり、真理の場としての市場を窒息させることなく統治が自己を貫徹するためには何が必要か。

フーコーはこう問うて、この問いに対する解答を公法に求める。この解答は公法の問題設定の根本的な転回を意味する。公法は、西欧市民社会において市民の人権あるいは法権利の視点から提起された。ところが、アダム・スミスをはじめとする政治経済学は、この公法の問題を人権や法権利の問題から出発させるのではなく、統治の技術の問題から説き起こし、統治者に対する被統治者の自由という功利主義の視点から再提起する。公法を法権利の視点ではなく、統治の実践の視点から被統治者の自由な行動を保証するという経済的な有用性、あるいは利害関心の視点から位置づけるのである。

このような公法の位置づけによって、国家理性にもとづく統治の実践は、根本的な転換を被る。統治が取り扱うのは、国家理性のような国家にとっての利害関心、つまり国家の富の増進とか国家の支配力の増強といったものではなく、私的個人や社会集団の調整、市場と公権力との間の調整、公権力と被統治者の自律とのあいだの調整といった利害関心の問題となる。

フーコーは、このようにして一八世紀の西欧において、国家理性にもとづく統治の実践が、市場の真理を構成する実践、被統治者の有用性の昂進のための実践に転換することを指摘し、この統治の実践を「自由主義的統治術」と名づける。そして、この自由主義的統治術のもう一つの重要な側面として、「ヨーロッパと国際的空間」(ibid., 邦訳六三頁)に関わる側面を取り上げる。

国家理性にもとづく統治から自由主義的統治への統治実践の転換は、国際的空間の組織化と国際均衡の実現にかかわる実践にも重大な変容を及ぼす。重商主義の政策は、既述したように、内政国家の無制限な国内統治と、ヨーロッパの均衡の維持のための制限された対外的な目標によって運営された。このヨーロッパの均衡の維持は、一国の利益が他国の犠牲になるというゼロサムゲームによってなされた。外交や戦争は、このゼロサムゲームのための手段であった。

これに対して、一八世紀のなかばに出現した自由主義的統治の実践は、市場の真理を構成し、有用性の極大化を追求する実践であるがゆえに、市場のゼロサムゲームに代わって、「相互的な富裕化のメカニズム」(ibid., 邦訳六六頁)を作動させるようになる。その結果、ヨーロッパは、諸国の力のバランスにもとづく古典的な世界に代わって、相互的な富裕化をめざす「集団的経済主体としてのヨーロッパ」(ibid., 邦訳六七頁)へと変貌を遂げる。このようなヨーロッパの変身は、ヨーロッパと世界の関係をも変更する。

もし市場の自由が、ヨーロッパのすべての国々の相互的で集団的で多少とも同時的な富裕化を保証しなければならないものであるとするなら、それが作用できるようにするため、……やはり、ヨーロッパを中心として、そしてヨーロッパのために、次第に拡張されてゆく一つの市場を招き寄せなければならない。(ibid., 邦訳六七頁)

このようにして、自由主義的な統治の実践は、ヨーロッパの集団的な富裕化という課題を超えて、「無制限の富裕化」を、つまり「市場のグローバル化」(ibid., 邦訳六七頁)という課題を引き寄せる。自由主義的統治術によって構成されるヨーロッパ市場は、必然的に非ヨーロッパ地帯をヨーロッパのための市場として構成する実践を招き寄せる。ヨーロッパは、とりわけ一五―六世紀の大航海時代にすでに非西欧地帯を射程に入れた行動を展開しているが、「経済統一体、経済主体としてのヨーロッパが、世界に対しそのように自らを提示したり、世界を自らの経済的領域でありうるしそうでなければならないようなものとして考察したりするのは、これが初めてである」(ibid., 邦訳六八頁)。

世界がヨーロッパにとっての市場として構成され、経済ゲームが世界に対して開かれる。しかし、ゲームを行うのはヨーロッパで、そこでは世界が賭けられている。ヨーロッパが非西欧地帯をもふくめた世界を賭けにしておこなうゲーム、それが市場のグローバリゼーションである。フーコーにとって、市場のグローバリゼーションとは、たんに市場が経済次元で国境を越えて広がることではない。それは、ヨーロッパ諸国が集団的主体として自由主義の統治を非ヨーロッパ世界に向けて行使するトランスナショナルな政治的実践(統治実践)にほかならない。

だから、フーコーはこのようなヨーロッパと世界の関係のうちに、自由主義的統治術の根本的な特徴を読み取る。その特徴とは何か。それは「地球的規模を持つ合理性の新たな形態」の出現であり、「世界的規模を持つ新たな計算」(ibid., 邦訳六九頁)の出現である。つまり、自由主義的統治は、市場を真理陳述の場として構成する実践であり、かつ市場をそのような統治の合理性が貫かれる場として組織する実践であるが、この自由主義的統治の原理が、世界市場を組織する公法の実践として貫かれるようになる。

フーコーはその事例として、一八世紀に現れる海洋法を挙げている。海洋法は、世界の海を国際法の観点から「自由な競争ないし自由な海上通行の空間として、したがって世界市場の組織化にとっての必要条件のうちの一つとして思考しようとしたそのやり方」(ibid., 邦訳六九頁)にほかならない、と。

自由主義的統治の実践は、国内統治を超えて、ヨーロッパの外部に向けて、グローバルな市場の秩序を世界的規模における政治的計算の形式として組織するのである。(1)自由主義的統治実践のグローバリゼーションとは、市場経済のグローバリゼーションを保証し推進するために、トランスナショナルな法的・政治的な介入を発動すること、なのである。

二　自由主義の統治術と国家

国家理性から自由主義への統治実践の転換は、さらに国家のあり方の根本的な転換をともなう。この転換によって、国家それ自身が世界的規模の政治的計算の一形式へと転換を遂げるようになる。まず踏まえておくべきことは、フーコーの国家の論じ方である。フーコーは国家を自明の前提とする思考をはじめからしりぞける。かれは統治の実践から出発して、国家がその統治において発揮する効果を問う。国家は、統治の効果を発揮する過程をとおして国家になるのである。つまり国家とは、統治理性にもとづく実践によって生み出される不断の国家化の過程にほかならない。

「国家は普遍的なものではありません。国家はそれ自体、権力の自律的な源泉ではありません。国家、それは、不断の国家化ないし不断の数々の国家化によってもたらされる効果」(ibid., 邦訳九四頁)にほかならない。

では、自由主義的統治術の実践においては、国家化を生み出すようにして発揮される統治の効果とは何か。それは自由主義の統治実践のありかたと密接にかかわっている。すでに述べてきたように、自由主義の統治は、ひとびとを自由に行動するがまま任せるわけではない。自由主義的統治術の特徴は、自由主義というよりもむしろ「自然主義」にある。市場メカニズムが生みだす動きをその自然の本性において認識し、その認識にもとづいて適切な政策をうちださなければならない。自由主義的統治は、市場メカニズムの自然本性を深く認識し、この認識にもとづいてさまざまな自由を運営し、組織することが求められる。

新たな統治術は、自由を運営するものとして自らを提示する。（ibid., 邦訳七八頁）

したがって、自由主義の統治において、国家はひとびとが自由に行動するための諸条件を整備するという機能を果たす。この機能には、同時に自由な行動がもたらすコストやリスクに対処する活動がともなう。というのも、自由に行動することは、つねに危険と背中合わせに生きることを意味するからである。ひとびとが自己の利害関心にもとづいて行動する経済プロセスは、個人や集団に対しておびただしい危険をもたらす。この危険に対処する「安全の戦略」（ibid., 邦訳八〇頁）が、同時に自由主義的統治の重要な課題となる。

そうすると、逆説的なことに、ひとびとの自由な行動に立脚するはずの自由主義的統治は、危険への対処と安全の戦略のために、「管理、制約、強制の手続きの途方もない拡張」（ibid., 邦訳八二頁）

を呼び起すことになる。自由主義的統治術は、安全の戦略のためにひとびとを規律訓練する技術をかぎりなく肥大化させる。そのために、パノプティコンのような規律訓練装置は、国家理性による統治の手段としてだけでなく、自由主義的統治の技術としてたえず開発され、発展させられてきたのである。

要するに、自由主義的統治が効果を発揮するためには、より多くの管理と介入が必要であり、この管理と介入によってこそ、自由を組織し、より多くの自由を導入することが可能となる。その結果、自由への歯止めとしてではなく、自由を拡張する原動力として、国家のかぎりない介入が要請されるようになる。

フーコーはその事例として、一九三〇年代における国家の福祉政策の発展をとりあげる。失業対策としての福祉手当の支給は、「失業のおそれのある状況において、より多くの自由、つまり労働の自由、消費の自由、政治的自由などを保証し生産するための一つのやり方」(ibid., 邦訳八三頁)なのである。経済的自由主義の発展が、国家の福祉政策や財政金融政策による社会介入を強めるのはそのためである。第二次大戦後に出現したケインズ/ベヴァレッジ型国家と組織資本主義はその帰結であった。

三　新自由主義国家の誕生

しかしこのようなケインズ／ベヴァレッジ主義的な社会介入は、自由を拡張するだけでなく、その逆に市場の自由な競争を侵害もする。社会的弱者を救済する所得の再分配は、富裕層によるかぎりない私的富の獲得欲望を制限することになるからである。そして、この市場競争の自由の侵害に対する不満が、新しいタイプの国家を要請するようになる。そこから、「経済的自由を認め、したがって個々人の自由と責任に場を与えるような国家」（ibid., 邦訳九九頁）への期待が高まる。つまり「自由の空間を創造」し「自由を保障すること、その自由をまさしく経済の領域において保証すること」（ibid., 邦訳一〇〇頁）を任務とするような国家が求められるようになる。

国家が経済からこのような任務を求められることによって、国家概念は根本的な旋回を迫られる。国家は、国家理性にもとづく統治のように、みずからの正統性の根拠を国家自身に置くのではなく、経済に、あるいは経済的発展に、置くようになる。つまり、経済が国家の正統性を保証し、国家の正統性を生産するようになるのである。

> 経済は、自らを保証するものとしての国家のために、何がしかの正当性を生産している。
> （ibid., 邦訳一〇一頁）

つまり、経済が政治的主権を形成し、経済が公法を作り出すようになる。

経済的に自由であるものとしての自由市場が、政治的な絆をつくり、政治的な絆を表明する。(ibid., 邦訳一〇三頁)

だから、新自由主義は、アダム・スミス型の自由主義とは逆に、つぎのような問いを投げかける。「政治権力の包括的行使を、どのようにして市場経済の諸原理にもとづいて規則づけることができるだろうか」(ibid., 邦訳一六三頁)、と。アダム・スミスの自由放任では、国家理性の自己限定が課題であったのに対して、新自由主義では、市場経済の自由な取引を保証するために政治権力による積極的な介入が求められる。

こうして、政治権力は、自己を限定するのではなく、市場経済の諸原理にもとづいて市場に対する包括的な介入をおこなうようになる。国家は、市場の競争原理を社会のあらゆる領域に導入するようにして政治権力の介入を行使する。つまり、もはや市場の競争は自然的な所与ではなく、国家の社会介入によって構築される構造となり、「諸々の形式的属性を備えた一つの構造」(ibid., 邦訳一六四頁)となる。国家は、このような構造としての市場が十全に作動するようにして現実の空間を整備する。社会空間、都市空間のこのような整備こそが、新自由主義国家の任務として呼び出される。ここにおいて新自由主義の統治は、「能動的統治であり、警戒する統治であり、介入する統治」(ibid., 邦訳一六五頁）となる。[2]

この能動的統治は、ケインズ／ベヴァレッジ主義国家の社会介入とは正反対である。後者の社会介入は、競争市場がもたらす破壊的な諸効果に対して行使された。大量失業、貧困、金融危機、環境破壊に対する補償をおこなうといった介入がそれである。新自由主義国家の能動的統治は、それとは異なり、競争市場の形式的メカニズムが正常に機能するように市場環境を整備することがその任務となる。

この市場環境の整備のために、新自由主義がとりわけ力を入れるのが、企業モデルにもとづいて社会を形式化することと、法規範を市場競争に見合うように制定することである。[3] ここでは、市場の経済取引が法的な枠組みの下で展開する。つまり、経済と法が一体となった秩序が形成される。したがって、法的なものは、経済にとって事後的なものであったり、経済的土台にとっての上部構造のようなものではなくなる。それは、経済を秩序づけるための不可欠の回路となるのだ。

経済的なものは、そもそもの最初から、〔法的枠組みによって──引用者〕規則づけられた諸活動の総体として理解されなければならない。(ibid., 邦訳二〇一頁)

市場が十全に機能するためには、経済に対して法治国家が、あるいは法権利がそれにふさわしいかたちで介入しなければならない。法治国家が市場を秩序づける形式となるとき、国家は経済に対する超越的・普遍的な主権者であることをやめる。国家は市場取引のためのゲームの規則をあたえるだけの存在となり、統治は経済にゲームの規則をあたえる様式となる。

経済は一つのゲームであり、経済に枠組みを与える法制度はゲームの規則として考えられなければならない。（ibid., 邦訳二一三頁）

この経済ゲームにおいて、経済主体として行動するのは企業である。経済ゲームは、経済主体である企業が、できるだけ自由に行動できるような規則を配備する。その意味で、市場社会は企業社会として組織されるようになる。だが、企業の自由な行動を保障すればするほど、企業間の衝突や対立は激しいものとなる。そのため、ゲームのルールという経済的調整を強化すればするほど、衝突や対立を調整する社会的な介入がますます要求されるようになる。こうして、「ゲームの規則の枠組みのなかにおける仲裁としての司法による社会的介入主義が要求されるようになる」（ibid., 邦訳二一六頁）[4]。

第Ⅱ部で見るように、ケインズ／ベヴァレッジ型国家から新自由主義国家への転換は、国家と経済の関係を見ていただけでは理解できない。そこには、国家と経済という二つの領域を仲介する市民社会の構造転換が不可避的にともなっている。フーコーの国家論は、したがって自由主義の統治実践という権力論を媒介として市民社会論へと向かうことになる（つぎの第3章では、フーコーの権力論を市民社会論として展開する）。

四 「新しいコーポラティズム」

企業の競争メカニズムによって経済が調整される新自由主義の社会においては、法制度が市場競争と企業の利益に見合うようにして改変される。フーコーは、新自由主義的統治における企業社会と司法社会とのこの強固な結びつきに着目する。

企業の形式にもとづく……社会と、司法制度を主要な公的サービスとする社会とのあいだには、特権的な絆があります。（ibid., 邦訳一八四頁）

フーコーが洞察したこのような新自由主義の統治が、今日の資本主義世界を席巻している。経済ゲームのルールを形式化し、そのルールの下で企業が自由に競争する環境が整えられる。ゲームのルールは、国家を超えたグローバル・スタンダード（WTO、FTA、TPPなど）として配備され、企業はこのルールにしたがってグローバルな経営戦略を展開する。この動きは、経済主体である企業が司法に介入し、企業が主導して法を制御する過程と同時進行している。

今日、米国をはじめとして世界各地で進行しているのは、このような企業社会と司法社会との特権的な絆の強化である。米国社会においてこの政府と企業の癒着の実態を詳細に解明したのが、堤未果［2013］によるルポルタージュである。堤の著書で紹介されている事例を以下に取り上げてみよう。

二〇〇八年にアメリカ政府は、低所得者層、高齢者、障がい者、失業者に対する食糧支援プログラム（SNAP）を導入した。四人家族で年収二万三二一四ドル以下で暮らす国民四六〇〇万人に対して支給されるSNAP支出の総額は二〇一一年度で七五〇億ドル（約七兆五〇〇〇億円）に及ぶ。堤は、政府が雇用対策よりもこの生活保護支給に力を入れているのはなぜかと問い、その理由として、このSNAP予算の支出が食品業界に巨大な需要創出効果をもたらすことを挙げている。それは、コカ・コーラ、ウォルマート、ヤム・ブランズ社など飲料水、スーパーマーケット、ファーストフードといった巨大企業に巨額の収益をもたらす。さらにジャンクフードや加工食品などの偏った食事が生む肥満、各種の疾患が医療費を増やし、医薬品業界の需要を生む。あるいは、SNAPの電子カードを発行することによって、その発行事業を請け負う金融業界に同じく巨額の需要を生み出す。

アメリカでは、新自由主義の経済が生みだす不平等と貧困に対して、政府がその救済という名目で支出する福祉予算が、巨大企業の収益の温床となる。政府が公認し支援するかたちで巨大な貧困ビジネスの市場が開拓されているのである。

ブッシュ政権が二〇〇二年導入した「落ちこぼれゼロ法」は、学校同士でテストの点数を競わせ、生徒の点数を基準にして学校に教育予算を支給するという教育の市場化を推進した。この法律は、低所得者層が住む地域の公立学校を破たんさせ、代わって、チャータースクールという営利学校が続々と新設される。この教育の市場化政策は、教育産業に巨大なビジネスチャンスをもたらし、教育産業への投資家に利益を招き寄せる。

二〇一二年にミシガン州で制定された労働権法は、労働組合への加入と組合費の支払いの義務化を廃止するという措置である。この法律によって、労働組合の組織化が困難となった地域では、賃金が低下し、雇用が柔軟化して、企業の経営効率が高まった。そのために、労働権法が導入された地域において企業の投資活動が活発化し、逆に、労働権法が導入されず、労働組合の組織が強固で賃金の高い地域からは企業が撤退し、投資が減退して、地域が衰退する。

また、刑務所労働に企業参入を許可する「テキサス刑務所産業法」が制定されたことによって、最低時給一七セントの囚人労働者が民間企業および公共事業の労働力源として活用されるようになる。二〇一〇年にアリゾナ州で制定された「移民排斥法」は、移民の取り締まりを強化し、その移民収容業務を請負業者に委託して、ここでも民営化された監獄に新しいビジネスチャンスが開かれる。

そのほか、企業が傷害致死事故を起こした場合に企業の過失責任を免責する法、労働組合の団体交渉権を剥奪する法、大規模農業の規制緩和を推進する法、などがつぎつぎと制定される。

堤が注目するのは、このような企業にビジネスチャンスを開く立法が制定されていく背景に、ALECという評議会の存在があることである。ALECは、小さな政府と自由市場主義を政策の柱として一九七五年に結成された団体で、州議会議員、下院議員、元州知事、企業関係者が集まって州議会に提出する法案を検討する評議会である。この評議会で企業の利益のためのモデル法案がつぎつぎと作成され、その多くが州議会に上程され、承認される。企業がテレビ・新聞などのマスコミを支配し、公法の制定をとおして政府を支配するルートが、このようなかたちで強固にうち固められていく。

企業が政府を支配して企業寄りの法案を制定し、法律を通して社会に介入し、ビジネスチャンスをつぎつぎと作り出していくこの資本主義は、「コーポラティズム」と呼ばれる。

いま世界で進行している出来事は、単なる新自由主義や社会主義を超えた、ポスト資本主義の新しい仕組み、「コーポラティズム」（政治と企業の癒着主義）にほかならない。

（堤未果［2013］二七三頁）

堤は「コーポラティズム」という言葉を「あとがき」のこの箇所で用いているだけで、この言葉の意味についてそれ以上言及していない。だがこの同じ言葉を、ナオミ・クラインが『ショック・ドクトリン』で一章を割いて詳細に説明している（第15章「コーポラティズム国家――一体化する官と民」）。

その章だけではない。企業利益と国家利益との強固な結びつきを意味するこの概念は、ナオミ・クラインのこの著書全体のモチーフでもある。

堤未果が主としてアメリカ国内における企業と政治の癒着を取り扱っているのに対して、ナオミ・クラインは、両者の癒着がグローバルなレヴェルで推進されていることに着目する。

アメリカの多国籍企業が世界各地で経営戦力を展開するときに遭遇する障害、たとえば、環境法や労働法による規制によって企業収益が削減される事態に直面すると、アメリカの政治家はその問題を経済問題から地域戦略的・国際政治的問題へと変換し、アメリカの国益に対する侵害の問題として位置づけ、多国籍企業の利益擁護のための他国への軍事的・政治的介入を国家安全保障の課題として国民に提示する。私企業の利益を普遍的な利益であるかのように変換することによって、他国への内政干渉が公共の利益の問題として行使されることになる。政府は、そのようにして戦争やクーデタのような惨事を作為的に引き起こし、あるいは自然災害や疫病などの惨事に便乗して、多国籍企業のために新しいビジネスチャンスを創出したり、多国籍企業の収益を確保する機能を担う。

要するに、「新しいコーポラティズム」とは、国家がグローバル市場の秩序を組織しようとして法的・政治的に介入する回路形成のことである。

政府と企業が癒着してグローバル市場に介入し新しいビジネスチャンスを創出するのを正当化するロジックは、〈安全保障〉である。

安全保障の名のもとに政治と企業のエリートが完全に融合し、国家が産業組合のトップの役割を担うと同時に、契約経済の仕組みを利用して最大のビジネスチャンスを提供するという構図である。

（ナオミ・クライン［2007］四五七―四五八頁）

フーコーが洞察した世界市場を組織するための公法および国際政治の介入を、つまり自由主義的統治のトランスナショナルな展開を、ここに確認することができる。「新しいコーポラティズム」とは、フーコーが言う自由主義的統治術の刷新された形態にほかならないのだ。

だが注意しなければならない。堤やナオミが用いるコーポラティズムの概念は、それに先立つ歴史を有している。一九三〇年代のイタリアに出現した国家コーポラティズム（議会制民主主義を否定した国家主導による労働者・資本家・専門職業人の職能団体の組織化の体制）、そして、第二次大戦後の欧米や日本の組織資本主義を編成した「ネオ・コーポラティズム」あるいは「社会コーポラティズム」、がそれである。第二次大戦後の組織資本主義は、市場における企業間競争を介するだけでなく、工業・商業・農業といった産業諸部門間の緊密な連携、およびこれら諸部門と国家諸機関との緊密な協議によって組織されていた。政府と企業の利益代表と労働組合代表が産業政策・労働政策・投資政策をめぐって協議し利害調整をする諸機関（政・労・資の三者機関）が設立され、これら諸機関が議会主義を補完しつつ、非議会主義的な利益誘導がおこなわれた。そのために、戦前における議会主義を否定した国家主導の国家コーポラティズムと対比して、それは「ネオ・コーポラティズム」

あるいは「社会コーポラティズム」と呼ばれたのである。

組織資本主義が危機に陥った一九八〇年代以降、この社会コーポラティズムが変質し始める。協議機関の一翼を担っていた労働組合が衰退して、企業や財界の発言権が高まる。そのために、企業や財界の利益を政府や議会が代弁する方向へと協議機関が変質していく。この変質は、主導権が政府から資本へと移動して、政府よりも市民社会の組織力が高揚したようにみえたために、それは〈コーポラティズム〉から〈ガヴァナンス〉への転換とも呼ばれた。しかし、市民社会におけるガヴァナンスの主導権を掌握したのは、企業・財界であり、この時期に活性化するNGOやNPOなどの市民諸団体も、市民を代表するというよりもむしろ資本の利益を補完し強化する機能を果たした。

堤やナオミが究明した「新しいコーポラティズム」とは、組織資本主義を支えた「社会コーポラティズム」の衰退後に出現するこの「ガヴァナンス」と呼ばれるシステムにほかならない。だが、ガヴァナンスの概念が政府の主導権の後退を、つまり経済に対する国家の非介入を強調するのに対して、「新しいコーポラティズム」の概念は、このガヴァナンスが組織資本主義とは異なるかたちで、つまり市場の競争環境を整えるようにして国家が社会に強力に介入する仕組みであることを語り出す。それは、「社会コーポラティズム」とは異なるかたちでの国家による市民社会への強力な介入主義なのである。

むすび――「新しいコーポラティズム」がはらむ破局性

かつての「ネオ・コーポラティズム」、つまり「社会コーポラティズム」が、一国内部における政府・資本・労働組合の合意を形成する統治の様式であったのに対して、堤やナオミがとらえた「新しいコーポラティズム」は、企業のグローバルな経営戦略の利益を、国家が安全保障の課題へと変換し、企業のグローバルな市場競争の環境を整備するトランスナショナルな統治様式である。この統治様式は、はじめから政治的計算の形式にしたがって、地球的規模の市場空間の組織化を企図している。

この統治様式は、市場競争がもたらす社会の破壊的効果に対する関心が低いだけでなく、むしろ社会に破局を作り出し、その破局に便乗して公共の財産を私的に収奪する「災害便乗型資本主義」（ナオミ・クライン）を支える統治様式となっている。新自由主義の統治様式は、その意味で社会の破局を防衛する能力を喪失している。

グローバリゼーションは、フーコーが言う意味での、被統治者の自由をグローバルに承認するような統治を推進しているが、今日、この統治は世界の破局を積極的に押し進めることによって、統治性そのものの危機をもたらしている。その意味で、グローバリゼーションは統治そのものの終焉を予告しているとも言える。フーコーは、『生政治の誕生』の末尾で、さまざまに異なる統治術の作用のかなたにある政治について示唆をしている。自由主義的統治、被統治者の合理性にもとづく統治が終わるとき、それはさまざまなタイプの統治が終わるときである。そのとき統治術の作用としての政治に代わる別の「政治はここに生まれる」(ibid., 邦訳三八五頁)、と。

わたしたちはいま、この統治術の作用としての政治を超える政治という課題に直面しているのである。グローバル症候群としてのパンデミックの状況下において、ほかならぬこの政治がいよいよ喫緊の課題として求められている。

注

(1) マルクスは、『資本論』執筆の準備ノートである『経済学批判要綱』において、この「市場のグローバル化」の問題を資本概念から展開した。資本の概念はあらゆる自然的・社会的な制約を乗り越えて価値を維持・増殖する「無窮道性」、「世界性」を備えている。マルクスが「資本の文明化作用」と呼ぶこの動きは、フーコーが察知したように、政治的計算の形式によるグローバルな空間の組織化という統治の実践によって支えられている、つまり「資本の文明化作用」というのは、経済的実践であると同時に、政治的実践であり、統治実践である。

そうすると、こんにち進展するグローバリゼーションは、マルクスの経済学批判体系プランにおける第六部の世界市場によってとらえきることのできないものであることがわかる。マルクスのこのプランは、政治経済学が考察の対象としたブルジョア社会の地平に設定されているために、フーコーが洞察した統治実践のグローバルな展開を視野に収めていないからである。こんにちのグローバリゼーションは、ブルジョア社会を包みこんだ広義の市民社会(この概念については、第3章で論ずる)のトランスナショナルな展開として了解する必要がある。

（2）佐藤嘉幸［2009］は、フーコーの問題設定に即して、新自由主義が自由放任ではなく、国家介入の原理であることを指摘している。

「新自由主義の原理とは、市場の論理を社会全体に徹底させるために、国家が法的介入を通じて制度的枠組みを形成する、という国家介入の原理である」（佐藤嘉幸［2009］一八頁）。

市場の競争秩序は、競争の制度化によって再建される。それゆえBlock F.［2005］は、K・ポランニーを援用して、市場競争の概念を「擬制商品」とみなす。市場競争は市場で売買される商品ではないから「擬制商品」とは言えないが、市場で生産することのできない経済的インプットであるという意味において、競争秩序は「擬制商品」に類似している、と。

（3）フーコーはこの二つの課題を担って開催された一九三九年のリップマン・シンポジウムについて詳細に論じている（これについては、若森章孝［2013］を参照されたい）。そこで討議されたのは、古典派経済学が問わなかった問題、つまり「市場が最も柔軟で最も効果的かつ最も公明正大なやり方によって機能するために最も適切なのはいかなる法律上の枠組みであろうか」（ibid., 邦訳一九九頁）という問いであった。

（4）ここで、新自由主義の経済学はある種の制度経済学に急接近することが分かる。フーコーが取り上げるのは、ドイツのオルド自由主義、あるいはフライブルク学派である（この学派については、第3章で言及する）。

第3章 制度経済学の言説——市民社会の政治と全体主義

はじめに——「経済理論の制度主義的転回はあるのか」

市場競争の自由と私益の追求の自由があたかも自由の究極の理念であり、人間としての最高の価値であるかのような通念がわれわれの社会に浸透している。経済学の言説は、この通念を生産するうえで決定的な役割を果たしている。経済学の言説によって支えられた社会の通念にもとづくひとびとの思考と行動が、こんにちの資本主義のかくあるすがたをかたちづくっている。

市民社会は、経済学の言説のあり方やひとびとの思考や行動をとおして組織され、この市民社会の組織のされかたが資本主義のかくあるすがたを組織する。

本章は、経済学の言説を、市民社会を構成する主要なモメントとして位置づけ、その言説が発動する権力作用をとおして市民社会がいかに組織されるかを考察する。つまり、経済学の言説を市民社会の権力作用の視点からとらえかえすことを課題とする。

＊　　＊　　＊

経済理論の学問領域は、一九八〇年代以降大きな転機を迎えている。二〇世紀の経済学は、市場を考察の対象として、市場における理性的個人の効率的な行動を探究する新古典派経済学が支配した。ところが、二〇世紀末になって、主流派経済学が無視ないしは軽視した制度に着目するさまざまな経済学の諸潮流が台頭するようになる。所有権あるいは市場と企業のヒエラルキーを重視する新制度学派、オーストリア学派の復活、欧州制度学派の隆盛、レギュラシオン理論の発展、コンヴァンシオン理論の出現などがそれである。

フランスのレギュラシオン理論研究者のベルナール・シャヴァンスが、これらの多様な制度諸理論を紹介し概括した『入門制度経済学』〔2007〕を著わした。この書は、経済学の近代における長期の歴史をふりかえって、新古典派理論のような、市場を支える制度的諸条件を無視して、もっぱら市場の均衡だけを重視する経済学説が、経済学の歴史において一貫して主流であり続けたわけではない、と言う。たとえば一九世紀のイギリス古典派経済学は、新古典派理論とは異なり、所有制度・法・倫理・国家のような諸種の制度を重視する経済学であった。その後、ドイツの歴史学派や米国の制度学派が出現するが、これらの諸学派はイギリスの古典派経済学に対抗する理論を提示したにもかかわらず、やはり経済学の制度的次元を重視した。

つまり、経済学の歴史において、経済学の諸潮流はむしろ市場を支える制度を基調として発展を遂げてきたと言える。そしてこの傾向は、二〇世紀の前半まで影響力を発揮し続ける。新古典派経済学が支配的な学説となり、制度を切り捨てて功利主義的個人の計算合理性にもとづく市場の行動にもっぱら焦点を当てる思考が経済学を支配するようになるのは、ようやく一九四〇年代になって以降のことになる。

そして、一九八〇年代以降になると、新古典派が無視ないしは軽視した諸種の制度を理論に組み入れようとするさまざまな制度経済学の諸潮流がふたたび現われる。

ではなぜ一九八〇年代以降、このような諸潮流が台頭するようになったのであろうか。シャヴァンスは、新古典派から制度経済学へと経済学研究の主題が転換していく主要因を、資本主義の危機に求める。つまり、第二次大戦後の「黄金の三〇年」を支えたフォード主義的蓄積のゆきづまり、新自由主義のヘゲモニーによる諸種の制度改革、社会主義の崩壊とその後の転換、グローバル化の進展と新興工業国の急成長、といった社会的・歴史的状況の激変に直面して、経済学研究者がこれらの激変を究明するために、市場を支える制度的諸条件の考察に向かわざるをえなくなったのだ、と。

シャヴァンスは本書で、一九世紀末から今日に至るまでの制度経済学の諸潮流（ドイツの歴史学派、米国の制度学派、オーストリア学派、オルド自由主義、新制度学派、ゲーム理論、レギュラシオン学派、コンヴァンシオン学派など）を整理し概観する。そしてこれらの諸潮流の制度概念の多様性、あるいは理論的・

方法論的な相互の対立関係を整理する。

とはいえ、このような多様性や対立関係が存在するにもかかわらず、これらの諸潮流のあいだには、新古典派が無視した制度の重要性に対する共通の広範な合意が成立している。ほんの二、三〇年前であれば嘲笑を買うレッテルであるかのようにみなされた制度主義の多様な諸学説が、今日では流行の学説になっている、シャヴァンスはこう言って、経済学研究者の制度に対する認識が大きく転換したことを強調する。その意味で、本書は新古典派経済学に代わって制度経済学が経済学の主流になりつつあることを宣言した経済学説書だといってもよい。

だがこのようなスタンスで執筆された本書の日本語版序文において、シャヴァンスはじつに奇妙な発言をする。「経済理論の制度主義的転回はあるのか」、と。ここ二〇年間に見られる経済学の制度に向けた方向転換が確かなものになるかどうかははなはだ疑わしい、とかれは言うのだ。

なぜだろうか。シャヴァンスはその理由を、新自由主義による制度研究の進展に求める。新自由主義による制度研究は、アングロサクソン型モデルを「最良の制度」とみなし、規制緩和された金融制度、柔軟な労働市場、福祉の切り捨て、私的所有権の制度、完全競争の制度を基準とする。合理的な理論分析に代わって、この「最良の制度」をベンチマークとして、経済成長との因果関係を考察する経済学が支配するようになる。そこでは制度の相互補完関係の多様性、経路依存性、多様な制度的構図の可能性は切り捨てられる。つまり、「制度という主題は、金融が主導権を持つ時代に特有の、ベンチマーキング法〔最良の事例との比較分析をする手法〕というパラダイムに吸収されている」(ibid., 邦訳iv頁)、と。

だから、現時点における経済理論の制度主義的転回は未完であり、それどころか、むしろ制度経済学の興隆を通して新自由主義の理論がかえって強化され、新古典派のパラダイムが、それに対する批判的なパラダイムを懐柔し解体する恐れのほうが高まっているのではないか、シャヴァンスはこう警告するのだ。

シャヴァンスは、新古典派理論に対抗して制度の重要性を提起することが、かならずしも新自由主義の対抗的パラダイムの提示になるのではなく、むしろ制度経済学の諸潮流における新自由主義あるいは新古典派理論の主導権をふたたび強化することになるのではないか、という懸念を表明しているのである。

ここでシャヴァンスは、重要な問題を投げかけていることがわかる。経済学の制度研究において新古典派経済学が主導権を掌握する動きを規定するのは、経済学という学問領域内部の問題を超えて、この学問の言説が市民社会において果たす政治的意味と密接にかかわっている、ということである。本論が問おうとするのは、経済学の言説が市民社会において発動する政治的意味作用であり、経済学の言説が市民社会における社会諸関係や権力諸関係から受ける政治的反作用である。この問いは、市民社会を政治的権力空間として考察するよう求める。本章の課題は、経済学の言説を市民社会の権力空間との関連で考察することをとおして、経済学の言説が発揮する政治的作用を究明することにある(この視点は、アントニオ・グラムシが知識人集団の知的活動をその内部においてではなく、社会諸関係の総体的な関連のなかで問う視点と重なる。グラムシ「獄中ノート」著作集Ⅲを参照されたい）。この考察は、同時に、市民社会がその内部から発動する全体主義を解明する手がかりにもなる。

一 市民社会における新しい政治概念の発見

1 二つの市民社会――ブルジョア社会（société bourgeoise）と市民社会（société civile）(1)

経済学の言説を市民社会におけるる政治的モメントとして位置づけ考察するためには、市民社会と経済学との関連を問わなければならない。だが、二〇世紀に支配的であった新古典派理論は、市民社会をその考察から排除した。新古典派理論は、市場と国家の二元論にもとづいて経済学説を構想したから、市民社会の考察は、経済分析の外部に排除され、政治学、法学、社会学、国際関係論などの分野に追いやられた。

だが周知のように、一八世紀に誕生した政治経済学 political economy は、そもそも市民社会の解剖学と称して、市民社会の考察を主題とする知であった。この場合の市民社会とは、市場取引や商業活動と同義に理解される社会のことである。近代の市民社会は、たがいに独立した私的所有者が自由で平等な商品交換をとおして交通することによって成り立つ世界である。

ただし、この交通関係は、その深層において生産の世界を内蔵しており、したがって交通関係は生産諸関係の編成を媒介する様式でもある。たがいに独立して生産活動をおこなう私的生産者は、みずからの生産物を市場で交換する行為を介して、事後的に社会的な関係を結ぶ。それゆえ商品交換は社会的分業連関の世界を組織する。

だがその商品交換のうちに労働力商品が採り入れられ、労働力が商品化されるとともに、商品交換を媒介にした社会的分業連関の世界は、同時に他人労働の搾取と支配の世界へと転成する。社会的分業連関は、資本による賃金労働者の集合労働力を組織する過程になり、その集合労働力の成果を資本が無償で私的に領有する過程になる。こうして、形式的に自由で平等な商品交換の関係は、資本と賃労働の関係を媒介する搾取と不平等の関係に反転する。

マルクスの『資本論』は、このような商業社会の形式と内実の弁証法的関係を解明する学的知であった。私的所有の相互承認という法的次元がはらむ階級的不平等の社会経済的な内実を、その法的次元を切り捨てることなく、それを媒介にして開示すること、ここに市民社会の解剖学としての政治経済学の課題があった。ここで考察の対象とされる市民社会とは、したがって交換と生産の双方を包みこんでおり、現実的諸個人の行為とその物質的生活諸条件の総体を意味する概念である。それは正確には「ブルジョア社会 société bourgeoise」と呼ばれる社会である。

だが、市民社会はこのブルジョア社会の次元を超える広がりをもっている。そして今日の経済学研究が、とりわけ制度の経済学が問わなければならないのは、この広義の市民社会であり、その広義の市民社会と経済学の言説との関係である。

マルクスの市民社会論には、ブルジョア社会とは区別されるもう一つの概念がはらまれている。

ブルジョア社会における私的諸個人による私的利益の追求、および諸階級による敵対関係の運動は、その運動をとおして、それらの私的諸利害や敵対諸関係を調整する諸種の公共的・共同的な諸関係と諸空間を生み出す。労働組合、経営者団体、消費者組合、職能団体などの経済的政治的な公共空間、市民生活を営むための社会的文化的な共同空間（学校、病院、報道機関、自治体機関など）、そして議会、裁判所、官庁などの国家的公共空間がそれである。近代社会は、商品交換をとおして資本・賃労働の階級関係という社会経済的内実を形成すると同時に、これらの階級的矛盾の運動をとおしてこのような私的・共同的な諸組織を分泌し、多様な社会的・政治的な公共圏を築き上げる。このようにして築き上げられた社会生活、文化、イデオロギー、意識形態をふくむ社会の総合的な姿態形成の総体を、マルクスはブルジョア社会と区別して、「市民社会 société civile」と呼んだ。

平田清明［1993］は、マルクスがこの市民社会を国家論の課題として構想していたことを指摘する。

> マルクスはこの市民社会の概念を提示することによって、ブルジョア社会の解剖学としての経済学の外に、市民社会の批判的了解の学としての国家論の地平を切り開こうとしていた。
>
> （同書二四八頁）

マルクスにとって、国家論とは、市民社会とは区別された国家ではなく、ブルジョア社会とは区別される広義の市民社会を考察する学として設定されている。ただし、この広義の市民社会はブルジョア社会をその内的契機としてふくみこんでいる。だからマルクスにおいて、市民社会とは、市民的交通諸関係および資本・賃労働関係という社会経済的内実に向かって構造化される媒介の概念であると同時に、その社会経済的内実における階級闘争、および社会闘争をとおして編みあげられる社会的・文化的圏域として、私的諸利害を調整する協同的・公共的領域としてとらえられる。

マルクスはこの広義の市民社会論を展開しえないままに生涯を終えた。しかし、マルクスが成し遂げえなかったこの広義の市民社会論こそ、現代資本主義の認識にとって不可欠の理論的磁場であり、経済学の言説が定位されるべき理論的磁場なのである。

平田清明［1993］が指摘するように、マルクス以前に、すでにヘーゲルがブルジョア社会を含む広義の市民社会論を論ずることによって、そこに政治的国家への市民社会の発展の契機を洞察していた。ヘーゲルは『法哲学』において、市民社会を「欲望の体系」としてとらえる。市民社会においては、たがいに独立したブルジョアとしての私人が、それぞれの私的欲望を充足するために市場で交換を行い、交換をとおして全面的な相互依存の体系をうちたてる。したがって欲望の体系は社会的分業の体系を編制する。

だが、この全面的な相互依存の体系は紛争と利害対立に満ちているので、円滑な編制は保証されない。分業の体系が首尾よく組織されるためには、私的な競争を調整するための内省的な活動が必要となる。それが司法活動、内務行政、職業団体などである。市場競争がこのような倫理的契機を欠く場合には、私的・階級的な利害対立が無数の紛争を引き起こし、弱肉強食の競争が富と貧困の対立を激化させ、市民社会の秩序が脅かされる。

二〇世紀に入って、ヘーゲルとマルクスが提示したこのような市民社会の概念は、アントニオ・グラムシによって深化させられた。グラムシが着目したのは、経済構造（物質的土台）と政治的・法的上部構造の中間に位置する市民社会の私的・公的な諸組織の総体であった。職能団体、各種の組合、学校、教会、報道機関、政党などの諸組織は、利害の対立する諸集団や諸階級のあいだに合意を形成し、集団的な意思形成をなしとげる。支配階級はこの過程に介入して、被支配階級の合意を組織する。支配階級が被支配階級の合意を組織するために発揮する知的・道徳的指導性を、グラムシは「ヘゲモニー」と呼び、国家機関（議会、行政、司法）や国家強制装置（軍隊、警察）と並んで、国家を構成する決定的な契機として位置づけた。

ヘゲモニーは文化的・イデオロギー的諸関係であり知的精神的領域であって、この領域におけるヘゲモニーが階級国家を組織する磁場となる。そのために、このグラムシのヘゲモニー論は、物質的生産諸関係の領域とは区別された上部構造の領域を扱う理論であるかのように解釈され、物質的生産諸関係を考察するマルクスのブルジョア社会論とは対立するものであるかのように理解された。

だが知的精神的生活の総体としての市民社会は、物質的生産関係を編成するための不可欠の契機でもある。ヘゲモニーは政治的・倫理的な力能であると同時に、経済秩序を組織する力能でもある。それは「たんに上部構造の一装置であるのではなく、土台と上部構造との関連を制御調整する一個独自の過程的構造の一位相」（平田清明［1993］一八三頁）をなしている。

ヘーゲル、マルクス、そしてグラムシによって展開された広義の市民社会論とは、市場と国家、経済と政治、物質的土台と政治的上部構造という二元的分離を前提するのではなく、この二元的分離が発生してくる過程の総体を問う。この広義の市民社会論が発見したのは、土台と上部構造の双方に架橋してその両者の成立過程を媒介する政治にほかならない。

今日の経済学研究に求められているのは、土台と上部構造の編成を過程的に媒介する市民社会の位相において経済学の言説を位置づけ直すことである。

2　総過程的媒介としての政治

ヘーゲル、マルクス、グラムシがブルジョア社会とは区別されるものとして、かつブルジョア社会を包みこむものとして提示した市民社会の概念は、したがって物質的生産諸関係を考察の対象とするブルジョア社会に還元されるものでもなければ、物質的生産諸関係と区別されたたんなる政治的上部構造でもない。市民社会とは、私的な利害紛争や階級的な敵対関係を制御し、諸種の社会的・共同的関係を構築し、そこに独特な政治的・社会的な構造形成を遂げる過程の総体を指す。つまり、市民社会とは、土台と上部構造を媒介し、両者の関係を制御調整する過程的構造にほかならない(2)。

したがって、ブルジョア社会と市民社会は、両者がたんに区別されるだけでなく、両者の相互連関と相互作用が問われなければならない。ブルジョア社会と市民社会の相互連関と相互作用をとおして市場経済が編みあげられ、同時に国家が編成されるからである。市民社会を商業社会＝ブルジョア社会に還元し、市場と国家の二元論で組み立てられた経済学は、市場取引や経済活動に作用する広義の市民社会の位相を看過してしまう。

ポスト構造主義の思想は、この総過程的媒介としての市民社会を「政治的なもの」の概念によって再発見する（Laclau E./Mouffe C.［1985］, Smith A. M.［1998］, Torfing J.［1999］）。ポスト構造主義の思想によると、国家と経済の領域は、あらかじめ分離された自明な領域ではなく、社会の諸領域に仕切りを入れそれぞれを独自な領域として切り分ける実践の産物である。この視座からすると、経済の領域、あるいは物質的土台と呼ばれる領域は、あらかじめ独自の内的な論理によって再生産される自律した領域ではなく、諸種の利害紛争や敵対関係の調整をとおして事後的に構築される領域であることがわかる。異質な諸領域を切り分け、かつ相互に節合する実践によって、事後的に経済的領域が成立する。社会・経済・国家の諸領域を構成するこの原初的な実践、非決定の状況下でおこなわれる根源的で転覆的な意思決定の行為を、シャンタル・ムフ［2005］は、通常の「政治 politics」と区別して、「政治的なもの political」と呼ぶ。「政治的なもの」の領域では、諸種の敵対関係が支配し、この敵対関係の調整をとおして社会秩序が創出される。あらゆる社会的・経済的制度には、この政治的実践が内包されているが、これらの制度が社会のうちにひとたび定着すると、制度にはらまれた敵対性や政治的実践は忘却される。

こうしてみると、ヘーゲル、マルクス、グラムシの市民社会の概念は、ポスト構造主義が提示した社会的なものを構成する政治の概念のうちによみがえっていることがわかる。

レギュラシオン理論をはじめとする制度経済学は、この「政治的なもの」を視野に入れ、「政治的なもの」の領域において経済学の言説を定位し直すことによって、新古典派理論と制度学派とのヘゲモニー闘争に新しい光を当てる。

二　市民社会の統治性——ミシェル・フーコー

土台と上部構造の総過程的媒介としての市民社会に貫かれる権力の考察に挑んだのが、ミシェル・フーコーである。フーコーは市民社会を権力の作用する領域としてとらえ、この作用をとおして国家、社会、そして経済の領域がいかに組織されるかを考察した。だが、市民社会を権力の作用において認識するためには、つぎのようなフーコーの学的知の方法論上の旋回が必要であった。

1　考古学から系譜学へ

フーコーは一貫して社会を構成する言説と権力との関係に着目してきた思想家である。あらゆる社会は、その社会に特有な言説を生産し、その言説にもとづいて社会を組織している。だが社会を構成する言説がどのように組織され、管理され、あるいは排除されるのかは、権力の問題と密接にかかわっている。

この視点からすると、経済学においても、特定の言説が生産され、流通するようになるのは権力の作用と密接にかかわっている。古典派経済学の知がなぜ一八世紀の西欧に出現したのか、一九三〇年代にケインズ経済学が誕生したのはなぜか、また後述するようにそれと対抗するようにして新自由主義の経済学がたちあらわれるのはなぜか、そして二〇世紀になぜ新古典派経済学が主流をなしたのか、二〇世紀末以降の制度経済学の台頭は何を意味するのか、これらの問いに答えるためには、その時代と社会に作用する権力と言説との関係を問わなければならない。

だがミシェル・フーコーが権力と言説との関係を問うようになるには、かれの思索の重大な転換が必要とされた。中山元［2010］は、その転換をつぎのように論じている。

フーコーが『言葉と物』（一九六六年）や『知の考古学』（一九六九年）で論じたのは、〈知の考古学〉といわれる方法である。そこでは、ある時代に共通する知の枠組み（「エピステーメー」と呼ばれる）を深層において探り出すことが課題とされた。〈知の考古学〉は、「ディスクール〔言説―引用者〕がどのような次元で一つの学問としての統一性を確保するか」（中山元［2010］一二頁）を課題としており、ある学問が暗黙のうちに前提としているものを照らし出し、それを発掘することが目ざされた。たとえば、『言葉と物』では、一七世紀の古典主義の時代に経済学における重商主義、言語学における一般文法、そして博物学という分類学、という三つの知の共通の土俵が出現したが、フーコーはこれらの諸学問が出現するための前提条件とはなにかを探究する。記号が物のたんなる標識であることをやめて、記号独自の空間が認識の内部に築かれたときに、記号の表象作用によって組織される知の空間が誕生する。

だがこの探究方法は、一つの言説がある社会においてどのように生産され、管理され、支配するようになるのか、また別の言説がどのようにして排除されるようになるのか、この言説の生産にどのような力が作用するのか、を問わなかった。この言説の生産と権力との関連を問う方法を、フーコーは〈知の考古学〉に対して〈知の系譜学〉と呼ぶ。こうしてフーコーは、知の考古学的な地層の探求を知の系譜学の探求へと深化させていく。

『生政治の誕生』[2004]では、フーコーは経済学における新自由主義の思考が、人的資本論、犯罪の法学などに共通する思考の枠組みをもつことを考察している。このような時代における知の一般的枠組みを探りだす作業は、〈知の考古学〉の手法と変わらない。だがなぜこのような新自由主義の思考が、異なる学問分野や日常の思考を覆い尽くし支配するようになるのか、そこには固有な権力が作動しているのではないか、フーコーが系譜学において探り当てようとするのはこの問いである。

系譜学は歴史の起源を問う目的論的な思考を拒否し、現在を諸種の対立や抗争の結果として、つまりそのような対立や抗争の歴史的構成物としてとらえる。

> 系譜学は、さまざまな隷属の体系をあらわにする。現在はある目的によって決定されてあるのではなく、さまざまな力の抗争の結果として生まれたものである。（中山元[2010]一七頁）

ある社会で普遍的に真理とされているものは、自明なものでも、中性的なものでもなく、さまざまな力関係や対立関係をとおしてそれが普遍的なものとして構築された結果である。

この視点からすると、先に見た、ヘーゲル、マルクス、グラムシが構築した市民社会の概念は、市民社会を階級闘争と社会闘争、およびそこにはらまれる諸矛盾が運動する過程としてとらえる市民社会の言説についての系譜学的な考察であるとみなすことができる。かれらは、市民社会を、市場経済の発展や社会契約によって目的論の視点からとらえるのではなく、その社会に作用する力関係や敵対関係の視点から解き明かそうとするからである。

自由のような形而上学的な概念にしても、このような対立と抗争をとおして、自由の概念が歴史的に生成してくる。後述するように、新自由主義に固有な自由の概念は、市民社会における力の抗争をとおして歴史的に構築されたものである。私的所有権と市場の競争を重視し、そこに生ずる不平等や格差を容認するような自由の概念は、新自由主義の権力作用とともにうちたてられるのである(3)。

2　国家理性の統治から市民社会の統治へ

フーコーはこの系譜学の視座に立って、近代市民社会における権力の作用を考察する。そのとき、近代の市民社会に作用する権力が、それ以前の時代と根本的に異なることが洞察される。

中世における君主の絶対的権力は、罪人の生殺与奪の権利をもち、罪人を公開処刑に処すことによって君主の処罰する権力を誇示し、社会の秩序を維持した。これに対して、近代になって登場した権力は、個人の身体・時間・行動を監視し管理して、個人を主体として訓練し、社会にふさわしい主体に育て上げる技術を生み出した。「規律訓練権力」と呼ばれるこの権力は、学校・病院・軍隊・企業など、近代のあらゆる組織において作動し、個人はこれらの組織をとおして、身体や身振りを監視され、動作・時間・行動様式に至るまで管理され、社会に適合した人間になるよう訓練を施される。その意味で、これらの組織は、個人の身体を管理し訓練するミクロ権力装置である（フーコーは『監獄の誕生』［1975］でこの近代的権力を考察した）。

したがって、近代の権力とは、通常考えられているような抑圧する権力ではなく、社会の諸制度をとおして主体を生産する力として作用する。権力は、正常なものと規範を生産することによって、社会の生産と再生産に積極的にかかわる。権力は、ひとびとの行動や意識を抑圧するのではなく、むしろ行動や意識を特定の方向に向けて導き、促す（その意味で、後述するように、レギュラシオン理論の「ソシエタル・パラダイム」、あるいは「調整様式」という概念は、フーコーの規律訓練権力の発想ときわめて親和的である）。

このような規律訓練権力は、商業の発展とともに生まれてきた。商業社会の発展とともに、商業取引の場である市場は、国家による統治の対象から、国家に代わって市場自身が「真理の形成の場所」となり「正義の場所」（Foucault M.［2004］邦訳三八頁）へと転成するようになる。

市場はなぜ「真理の形成の場所」となるのか。フーコーは市場で取引される価格が「正しい価格」であり、「公正な価格」であるとみなされていたことに着目する。「市場は本質的に正義の場所として、つまり正義のような何かが交換において出現し、価格において表明されるべき場所として、現実に機能して」(ibid., 邦訳三九頁)いた。こうして真理の所在は、国家から市場へと、したがって商業社会へと移っていく。商業社会は、国家理性によってその外部から統治される社会ではなく、社会自身のうちに真理を有し、その真理に立脚して自己を統治する社会になる。

自己自身の内部に真理を有する社会において、なお統治者が統治をおこなうためには、固有の統治技法が求められる。商業社会は、ひとびとが商人として市場で自由に取引する社会である。そのような社会では、統治者は被統治者の自由な行動を保証しつつ自己の統治を貫かなければならない。被統治者の自由にもとづく統治、つまり自由主義的統治は、被統治者の自由な行動がもたらす無秩序や混乱に対して安全の保証を必要とする。そのために、ひとびとの個々の身体を監視し規律づける権力の作用が欠かせないものとなる。

さらに、この個々の身体を監視し規律づける力は、商業社会の富の増進に向けてひとびとの身体を最大限有効に活用するために不可欠のものでもある。規律訓練権力とは、「本質的に身体に、個々の身体に集中する権力の諸技術」であり、「身体を引き受け、練習や訓練によって身体の有用な力を最大化する諸技術」(Foucault M.［1997］邦訳二四一—二四二頁)である。(4)

商業社会をこのような自由主義的統治の作用する社会として了解することは、市民社会の認識について重大な再考を促すことになる。

フーコーは市民社会の観念が一八世紀に大きく転換したという。それ以前の市民社会は、ジョン・ロックが定義するように、法と政治の絆によって結びつけられた諸個人が組織する契約社会＝人為的社会であり、政治社会と同義に理解されていた。だが一八世紀の後半になると、市民社会は市場と結びついた自然状態として観念されるようになる。フーコーはアダム・ファーガソンの『市民社会史』(一七五五—五六年執筆)をとりあげ、ファーガソンにとって市民社会が「歴史的かつ自然的な不変項」(ibid., 邦訳三六七頁) とみなされ、自然の所与とみなされる社会であったことに着目する(『生政治の誕生』の最終講義一九七九年四月四日)。

そしてまさにこの時期に、国家理性による統治に代わって、自由主義の統治術が市民社会のなかから発生する。市民社会は、社会契約を介した政治的主権の確立によって成立するのではなく、自己自身のなかからこのような新しい統治術の分泌とともに出現する社会なのだ。

フーコーは、ファーガソンが市民社会を自然状態としてとらえ、権力がそのような自然状態としての市民社会の内部から自然発生的に形成されるとみなしていることに着目する。ファーガソンにとって、市民社会とは、「政治権力の恒久的な母型」(ibid., 邦訳三七三頁) である。市民社会では、権力の法的構造が成立する以前に、市民社会の異質な諸個人を結びつける絆のなかから、あるひとびとが命令し、あるひとびとが服従するという関係のなかから、政治的権力が自然発生的に生まれる。この権力関係がたえず作用しているがゆえに、市民社会はみずからを維持するために独自の統治術を不可避的に必要とする。市民社会はみずからを編成するために、社会の内部に国家理性とは異なる独自の統治術を不可分の要素としてふくんでいるのだ。

この近代の統治術が政治経済学という固有の言説を生み出す。というよりも、政治経済学は近代の自由主義的統治実践の形式としてこの世にたちあらわれたのである。

すでに述べたように、市場の価格は、公正な価格であると同時に自然な価格とみなされた。したがって市場の運動法則は、自然の法則であり、政治経済学はこの自然法則を言説化した知にほかならない。政治経済学は市民に市場の法則を伝えることによって、社会の真理を学ぶための手段を提供し、市民は社会の真理を手に入れることによって国家への服従から離脱していく。一八世紀に重農主義やアダム・スミスによって語られた自由とは、個人の法的な自由というよりも、むしろ市場の運動法則に内在した自然の法則としてとらえられるものであった。

したがって、「一八世紀の半ばに姿を現すのは統治の自然主義のようなもの」(ibid., 邦訳七五頁)であった。つまり自由主義の統治とは、市場の経済的メカニズムを自然のすがたで描き出すことであり、政治経済学はこの任務を負って出現する。政治経済学は、その誕生の当初から自由主義の統治の実践形式として存在した。自由主義の統治の課題は、ひとびとが自由に行動することができる条件を整えることであり、この条件を整えることによって自由を生産することにあった。こうして国家理性による統治に代わって、市場の自由な取引に立脚した自由主義の統治が出現する。

自由主義の統治は、市場の経済的取引の動きを正確に認識することを課題とする。それは経済メカニズムを自然の本性として認識することを任務とする。この任務を遂行することによって、「新たな統治術は、自由を運営するものとして自らを提示」(ibid., 邦訳七八頁)することができたのである。「自由は生産され、組織化される必要が」(ibid., 邦訳七九頁)あるがゆえに、自由主義は統治術を不可避的に生み出す。この統治術は、ひとびとが自由であるための条件を整備し、自由に振舞うために必要なことをおこなう。したがって、自由主義の統治は、市民社会の自律に身をゆだねながら、そこから最大の効用を引き出すことが求められた。それは「統治しないことで統治することを求める逆説的な権力、統治的理性が自己限定する権力、レセ・フェールの権力」(中山元［2010］二一九頁)であった。

フーコーはそれを「生権力」と呼ぶ。新たに出現する自由主義と結びついた統治、それは国家理性による統治ではない。国家理性による統治は、国家の目的を実現するための手段をつねに統治のうちにはらんでいるが、自由主義の統治はそのような国家の目的を内包せず、社会そのものから出発するからである。それは、国家とかかわりをもちつつおこなわれる社会の自己統治の手法である。それはいわば社会の自己調整のテクノロジーであり、「いくつかの目標へと方向づけられ不断の反省的考察によって自らを調整するような『振舞い方』」(ibid., 邦訳三九二頁)である。フーコーは統治(gouvernement)を政府として定義するのではなく「一つの枠組みのなかで国家の諸々の道具を用いることによって人間の行いを統御しようとする活動」(ibid., 邦訳三九二頁)、と定義する。そして、社会という観念がこの統治術とともに生まれたことを指摘する。

社会という観念、これこそが、一つの統治テクノロジーの発達を……可能にするのである。

(ibid., 邦訳三九三頁)

社会のこの統治は、規律訓練権力と同時に、もうひとつの新しい権力（つまり生権力）を生み出す。社会の自己統治は、個人の身体に働きかけるだけではなく、住民や人口に働きかける。「働きかける」と言っても、規律訓練権力が個人の身体を監視と訓練の対象とするようにして人口や住民を対象として働きかけるわけではない。というのも、住民と人口は自由に行動し労働する主体であって、統治はこの自由な行動と労働を尊重しなければならないからである。人口は人間の欲望に立脚しており、欲望の自然性にもとづいている。したがって社会の統治は、ひとびとの欲望を適切にかきたて、利用しようとする。

これがもうひとつの権力、つまり生権力である。フーコーは、この生権力にもとづく政治、つまり生政治をつぎのように定義している。それは「人口として構成された生きる人々の総体に固有の諸現象、すなわち健康、衛生、出生率、寿命、人種といった諸現象によって統治実践に対し提起される諸問題を、一八世紀以来合理化しようと試みてきたやり方」(ibid., 邦訳三九一頁）である、と。

つまり、生政治と自由主義の統治とは不可分の関係にある。フーコーは、この自由主義の統治が古典派経済学に先立つ重農主義の経済学のうちに出現したことを指摘している。

生権力は、規律訓練権力のように禁止や命令によってではなく、事物の本性を理解するように努め、その本性に沿うように調整をおこなう。「重農主義は、人間の本性を理解し、人間に自由に行動させることで、目的を実現しようとする」（中山元［2010］一九九頁）知であるという意味において、自由主義の統治術として誕生した。

このようにして、国家理性の人工的統治に代わって、社会の自然性に立脚した社会的・経済的理性の統治が出現する。生権力の統治は、商業社会の運動を自然法則として認識すると同時に、そこで労働し生活するひとびとの自由な行動を調整することによっておこなわれる。ひとびとの自由で主体的な行動に依拠しながら、この動きを調整しつつ社会の統治を推進する。これが市民社会の統治性にほかならない。

だから、市民社会の統治性は、そのうちに国家理性の終焉を、つまり国家の死滅を内包している。ところが、逆説的なことに、この市民社会の統治技法の内部から、国家理性が発動するものとは異なる国家が、つまり全体主義国家が湧出することになる（本章四を参照）。

本章の一ですでに見たように、市民社会とは、商業社会であると同時に、この商業社会の運動において生ずる私的・集団的・階級的な利害紛争を調整しつつ、公共的・共同的関係を形成する社会であった。フーコーの視点から言い換えれば、市民社会とは、市場経済の発展とともに自動的に出現する社会ではなく、生権力による人口・住民の統治術によって歴史的に構築されていく社会化の過程なのである。総過程的媒介としての政治によって構成された社会としての市民社会、この社会をフーコーは統治術によって構成された社会として暴きだしたのである。

三　制度経済学と市民社会の統治性――レギュラシオン理論

制度経済学の言説には、自由主義の統治がはらむ権力作用が貫かれている。国家と市場の二元論ではなく、両者を編成する総過程的媒介としての市民社会の次元において制度経済学を定位してみるとき、制度の経済学のうちに作用する権力を読み取ることができる。一九八〇年代以降の制度経済学の台頭は、自由放任か国家の市場介入か、という二者択一で経済を見てきた経済学が欠落させた視座を浮上させる。フーコーが洞察した、市民社会に貫かれる権力作用がそれである。本論では、レギュラシオン理論とオルド自由主義という二つの制度経済学の言説のうちに、市民社会の統治術がどのようなかたちであらわれているのかを考察してみたい。

1　フォード主義のレギュラシオン分析

レギュラシオン理論が調整（régulation）の概念を現代資本主義、とりわけ第二次大戦後のフォード主義（一九五〇―七〇年代前半期）の蓄積体制の解明に導入したのは、この蓄積体制の編成を媒介する市民社会の独自な権力作用に着目したためである。この理論は、フォード主義の社会を「賃金生活者社会」（Aglietta M./Brender A.［1984］）と呼び、この社会に作用する権力によってひとびとの思考や行動が制御され、その帰結としてマクロ経済の成長体制が実現したことを究明しようとする。

フォード主義の資本主義は、古典的なブルジョア社会のような法と貨幣を原理とし、等価交換の原則にもとづいて編制されているのではない。そこでは市場経済と賃労働制度が機能しているにもかかわらず、それらを編成するロジックは古典的ブルジョア社会のそれとは異なっている。

たとえば市場経済は、市場における価格の変動をとおして調整されるよりも、むしろ巨大企業や金融機関があらかじめ消費者の欲求や資金の流れを制御する。賃労働制度は、労働市場における資本と労働の個別的交渉ではなく、労働市場の外部で経営者団体と労働組合との団体交渉によって調整された。フォード主義の社会は、法よりもむしろ諸種の社会的な規範をとおしてひとびとを分類し、ひとびとの行動を制御する。

アグリエッタ／ブレンデール［1984］は「賃金生活者」社会のこのような社会編制のロジックを「規格化 normalisation」と命名した。(5) この社会では、労働者が労働組合を組織し、団体交渉によって労使間合意を組織し、その合意にもとづいて賃金を決定する。労働市場は、正規雇用と非正規雇用、人種・国籍・性別などによって規格化される。企業や工場の内部では厳格な職階制が編成される。消費社会では、消費財がコミュニケーションや社会関係を組織する記号として機能し、消費者の欲望を規格化する。福祉国家の政策によって、諸種の社会生活給付金が支給され、低所得の賃金生活者・失業者・生活保護者に対する救済措置によって国民の消費購買力が確保され、景気が調整される。学校制度は、学歴や出身校によって生徒や学生が規格化される。このような生産・消費・教育・

社会生活・福祉政策における多種多様な規範の形成によって、ひとびとの行動と思考は規格化され、特定の規範にしたがって誘導されたひとびとの思考と行動をとおして、大量生産と大量消費の好循環というフォード主義の蓄積体制が構築される。

このレギュラシオン概念は、フーコーの規律訓練権力を方法概念として援用したものにほかならない。近代の権力は、法によって行動を禁ずるよりも、むしろ規範に従って時間と空間を管理し、ひとびとの身体と生活を訓練する。

たとえば、フーコー〔1976〕は、性の言説の分析を通して規格化の権力の特質を暴きだす。近代の権力は、性科学という公的な言説を生産し、この言説を活用して性を管理し調整する。近代の権力は性を抑圧するのではなく、その逆に性的欲望を誘導し、性について分析し、積極的に語ろうとする。性的欲望を抑えこむのではなく、その欲望を言説によって位置づけ、確たるものとして存在させる。性の言説は、性的欲望に規範を設け、ひとびとの欲望を制御する。異性愛にもとづく夫婦の愛情を正常な規範として設定し、それ以外の性愛の形態を異常なものとして排除する。こうして近代の権力は、法による禁止よりもむしろ規格化の技術によって身体や生活を規範づけコントロールする。

レギュラシオン理論によるこのようなフォード主義の調整様式の解明は、フーコーの規律訓練権力の概念を援用してフォード主義タイプの市民社会に作動する権力作用を読み解いたものであると言える。そしてこの権力作用がマクロな資本蓄積体制を組織する媒介になったことが明らかとなる。

ナンシー・フレイザー〔2003〕は、フーコーの規律訓練権力の概念がフォード主義の社会的調整の論理を解明する最適な理論である、と言う。すでにアントニオ・グラムシが「アメリカニズムとフォーディズム」で指摘しているように、大量生産体制を最初に考案したヘンリー・フォードは、工場の生産過程に大量生産方式を採り入れて生産を規格化しただけでなく、労働者の家庭生活や日常生活に介入し、飲酒量や性欲をふくめて労働者の身体と欲望をコントロールし、大量生産に適合した労働者の身体を育成しようとこころみた。フォード主義の時代には、企業の生産過程だけでなく、余暇や消費の日常生活までもが子育てのマニュアル、家庭管理の術、社会福祉事業、心理療法、産業心理学によって規格化されたのである。

したがって、「フォーディズム型規制の文法は、国家理性にも、普遍的な道具的理性にも還元されることなく、命令的権力の高みのはるか下方〔つまり市民社会─引用者〕で作用した。……個人を組織し、身体を時間と空間のなかに配置し、身体の諸力を編成し、そこに権力を浸透させていく。……その結末が、ナショナルに境界画定された大量生産・大量消費社会にふさわしいフォーディズム的様式という歴史的に新しい社会規制の様式だったのである」（Fraser N.〔2003〕邦訳二八─二九頁）。

ミクロな日常生活のレヴェルで作動する規律訓練の機能がナショナルな枠組みで社会全体に押し広げられ、自己の内面をこの規範によって自己管理する主体を育成することによって、フォード主義のマクロな蓄積体制が築き上げられた。労働者を国家政策の担い手として編入するコーポラティズムの体制、国民の社会的権利を保証するケインズ／ベヴァレッジ型福祉国家、金融取引と国際通貨を規制したブレトンウッズ体制、という一連の制度は、この規律訓練の機能様式によって一つの蓄積体制へとまとめ上げられたのである。

このようにしてみると、レギュラシオン理論は、資本蓄積の体制を市民社会における統治術と権力によって媒介されたものとして究明し、制度を統治のテクノロジーの産物としてとらえていることが明らかとなる(6)。そうすることによって、レギュラシオン理論は市民社会に作動する自由主義的統治を暴き出したのである。

2 ポスト・フォード主義のレギュラシオンと統治術

だがフォード主義の蓄積体制は一九七〇年代以降ゆきづまる。続いて出現する新自由主義的グローバリゼーションの体制は、フォード主義の社会的調整の枠組みを大きく揺り動かす。なによりも、国民的賃金妥協、福祉国家、ブレトンウッズ体制といった国民経済を支えた枠組みが崩壊する。多国籍企業の海外直接投資、国際金融資本によるグローバルな金融取引、南から北の先進諸国に向けた移民労働力の激しい国際移動によって、労働市場は国際化し、労働組合は賃金決定の主導権を失い、雇用形態が柔軟化する。国家形態は、有効需要の創出政策と福祉政策によって国民の購買力を確保する福祉国家から、企業のグローバル競争に対応する競争国家へと転換する。

このような一連の制度的枠組みの転換によって、フォード主義を支えた規律訓練の社会的調整が崩壊していく。非正規雇用が増大し、雇用関係がフレキシブル化し、労働組合の団体交渉能力は弱体化していく。福祉サービスは商品化され、高齢者、障がい者、失業者などの社会的弱者は福祉サービスから排除されていく。

社会の諸規範は、ひとびとを規律訓練し、その行動や思考を誘導する回路となるよりもむしろ、集団を分断し敵対させ、諸個人を孤立した個人として切り離す機能を果たすようになる。こうしてフォード主義の規律訓練型社会は、「分散的で市場化された統治性の様式」(Fraser N.［2003］邦訳三四頁)へと転換するようになる。国民国家を軸に編制される諸種の制度が動揺し、国民国家の内部では、市場レヴェル、社会レヴェルにおいて政府機関だけでなく多種多様な私的・公的諸機関が社会の統治に参画し、さらには国境を超えた領域でも国家以外の諸機関、つまりNPO、NGO、多国籍企業、経営者団体、超国家的組織、専門家集団などが国際政治とグローバル化する資本蓄積過程を制御するようになる。これらの多元的な諸組織による調整をとおして推進される政治は〈ガヴァナンス〉と呼ばれる(第I部第2章で見たように、この動向は国家の衰退を意味するのではない。そこでは、市場の計算合理性に見合うかたちで国内外の社会組織を再編しようとする国家の強力なヘゲモニーが作動する。こうして福祉国家はグローバル競争国家へと転換する)。

「フレキシブルで変動的なネットワーク」によって運営される「新しい多層的な統治性の構造」(ibid., 邦訳三五頁)を担う主体は、かつてのフォード主義の規律訓練権力によって主体化された個人ではもはやない。ポスト・フォード主義の統治性を担う個人は、市場の経済的合理性を追求し、みずからの生活に自己責任を負うことを強いられた個人である。

ポスト・フォード主義の社会では、社会生活のあらゆる領域がかつてのフォード主義の規律訓練装置によって編制されるのではなく、市場の計算合理性によって運営されるようになる。ポスト・フォード主義の世界では、社会生活のあらゆる領域に市場の競争原理が適用され、そこでこの競争を担う能力のある者とその能力のない者とが振り分けられる。ユビキタスの世界がコンピュータのネットワークに編入される情報だけを遍在するものとし、そこから排除された情報は存在しないものとみなすように、競争原理に貫かれた諸種の制度ネットワークは、このネットワークから排除された敗者を放置する。

このような市場の自由主義的統治術が支配する時代に、その統治術を担う言説として新自由主義の制度経済学が出現する。新自由主義とは、市場の自由放任を理念とするのではなく、市場の競争を制度によって保証することを課題としているからである。

この自由主義の統治術としての経済学説を論ずる前に、二〇世紀社会主義システムを市民社会の統治術という視点から考察した制度分析を紹介・検討しておきたい。

3 社会主義システムのレギュラシオン分析

一九一七年にロシア革命によって誕生し、一九九一年のソ連邦の解体によって終焉を迎えた、二〇世紀社会主義の「集権型計画経済」と呼ばれるシステムは、市場経済とは対極的な計画経済の代表的モデルとみなされている。だが、レギュラシオン理論の社会主義分析は、この集権型システムが一八世紀に出現した自由主義的統治の、西側資本主義とは異なるタイプの経済であったことを暴きだした。

B・シャヴァンス『社会主義のレギュラシオン理論（原題はソヴィエト経済システム）』〔1990〕は、レギュラシオン理論が戦後の資本主義のフォード主義の分析に援用した制度の方法概念を駆使して、ソ連型経済システムの分析に取り組んだ。(7)

だがこの著書は、それに先立つシャヴァンスの初期の諸研究と比較すると、制度を認識する方法論上の重要な転換が見られる。初期の諸研究においては、社会主義システムを編成する諸種の制度がたんに並列され、列挙されるにとどまっていた。たとえば、Chavance B.〔1984〕あるいは〔1988〕の諸論文で、シャヴァンスは、社会主義システムを編成する基本的制度として、資本の国家所有、産業組織の垂直的な編成（国家計画委員会－産業部門月省庁－企業）、単一銀行（モノバンクと呼ばれる）、特殊な賃労働制度、外国貿易の国家独占、単一政党制、といったソ連経済の諸制度をたんに並記しているだけであった。

これに対して、『社会主義のレギュラシオン理論』になると、これらの基本的制度が「システムの核心部」と「周辺空間」とに序列化されて分類される。つまり、集権的計画経済を編成する諸制度が、核心的な制度と周辺的な制度に区分けされ、前者の制度として賃労働制度と中央計画化が、後者の制度として農業組織と外国貿易制度がとりあげられる。

『社会主義のレギュラシオン理論』の第1部「システムの核心部」の第一章では、「賃労働制」が、諸種の制度のなかでももっとも核心的な制度として分析される。旧ソ連邦は、当時、賃労働制度を廃絶したことを公言していた。ところが、シャヴァンスは、ソ連邦の経済システムの制度分析で、いきなり冒頭に賃労働制度をとりあげて分析の俎上に載せる。この制度分析の方法を見るだけでも、シャヴァンスによる社会主義システム分析の、斬新で野心的な姿勢をうかがうことができる。

レギュラシオン理論は、賃労働制度を資本主義のもっとも根幹的な制度として定位している。シャヴァンスはそのレギュラシオン理論の制度認識の方法を社会主義システムの分析に大胆にも適用することによって、公式には廃絶されたはずの賃労働制度が、西側資本主義とは異なるかたちでしっかりと機能していることを論証しようとする。

ところが、シャヴァンスの社会主義の制度分析は、その後、さらなる転換を遂げる。本書に続いて刊行された『東の経済改革史』〔1992〕になると、賃労働制度がシステムの核心部からはずされる。賃労働制度の分析はおこなわれるが、それはもはや核心部の制度には位置づけられない。

シャヴァンスが核心部としてとりあげるのは、もはや賃労働制度ではなく、政治制度と所有制度である。すなわち、共産党という単一政党制と国家所有という所有制度が核心部に据えられ、賃労働制度は、この核心的な制度の派生的な制度とみなされる。政党制は、まさしくフーコーが国家理性とは異なる近代の統治性の特徴としてとりあげていた制度である。つまり、シャヴァンスは市民社会の権力論の視点から、社会主義の制度分析を深化させていったことがわかる。

したがって、シャヴァンスは、ソヴィエト経済システムを市場経済システムと対比して、中央計画経済として特徴づけることを拒否する。中央計画化の諸制度は、単一政党制という政治システムの基盤のうえに立脚するものであるから、ソヴィエト経済システムにおいて核心的な制度であるとは言えない、シャヴァンスはこう考える。また賃労働制度は、先行の『社会主義のレギュラシオン理論』ではあらゆる制度のなかでももっとも重視され、その制度についてのきわめて丹念な分析が施されていたのに対して、『東の経済改革史』になると、賃労働制度は、中央計画化のなかにふくまれる諸々の制度のひとつとして位置づけられる。

近年のレギュラシオン理論は、かってのように賃労働制度を諸制度中の制度として特権視するのではなく、時代や社会によって賃労働制度の比重が異なることを考慮するようになっているが、シャヴァンスはソヴィエト経済システムにおいて、賃労働制度の存在を認めると同時に、この制度が中央計画経済においていかなる位置を占めるのかを西側資本主義と対比しつつ、それとは異なるかたちで位置づけようとする。

またシャヴァンスは、ソヴィエト経済システムを機能させている諸種の制度を相互補完的・階層的に編成し、フォード主義システムを編成した諸制度をソヴィエト経済システムにたんに機械的に援用するのではなく、このシステムに独自な制度の補完性と階層性を検出している。

今世紀に入って、レギュラシオン研究は、制度間の相互補完性と階層性を強調し、それが築き上げる国民経済モデルの多様性を検出しているが[8]、シャヴァンスの社会主義分析は、すでに一九九〇年代の時点でこの方法視座に着目し、その分析を先取りしていたと言える。

だがシャヴァンスのソヴィエト経済システムの分析には、それ以上に見逃すことのできない重要な方法論上の刷新がある。それは政治権力をシステムの根底に置いて、制度の相互補完性と階層性をその政治権力の作用として分析している、ということである。

この認識視座は、ハンガリー学派のコルナイ・ヤーノシュの社会主義システム論と共有する視座である。コルナイは『社会主義システム』〔1992〕において、それまで社会主義システムを「不足の経済」として特徴づけていた自己の分析をさらに深化させる。「不足の経済」による社会主義の分析は、労働力・資材が慢性的な不足の状態にあること、売り手市場が支配していること、資材や労働力を絶えず吸引する傾向があること、という社会主義のシステムの特徴を、国家の温情主義、ソフトな予算制約、価格の受動性、計画経済の策定における垂直的な駆け引きといった制度と行動様式から説明するものであった。

そしてコルナイは、この制度と行動様式が、西側の「市場による調整」とは異なる「官僚主義的調整」にもとづくものであることを解明した。「市場による調整」が金銭的利益を目的にした売り手と買い手の水平的関係であるのに対して、「官僚主義的調整」は法的制裁による行政の強制力に裏づけられた垂直的な支配‐従属関係に立脚する。

このような自身の研究成果を踏まえて、コルナイは『社会主義システム』〔1992〕になると、さらにこの官僚主義的調整をその根底で規定するものとして、所有形態と政治的権力をとりあげる。国家所有と共産党の単一政党制こそが、「不足の経済」という官僚主義的調整を生み出した根本原因であることが指摘される。とりわけコルナイは、「政治的権力の諸特徴こそ、このシステムの主要な規則性が引き出される源泉にほかならない」（Kornai J.［1992］p. 33.）ことを力説する。そしてこの政治的権力を構成する二つの要因として、共産党の機構とマルクス／レーニン主義のイデオロギーをとりあげ、前者が「政治的権力の肉体」であり、後者が「政治的権力の魂」である、と言う。

この政治的権力とマルクス／レーニン主義の言説の基盤のもとで、市場経済を担う経済主体が権力の作用を受けてどのように行動するのか、そしてその行動の結果としてどのような成長体制が生まれるのか、コルナイとシャヴァンスが究明しようとしたのは、ほかならぬこの課題である。つまり、ソヴィエト経済システムとは、市場経済と対極的な計画経済あるいは統制経済のシステムなのではなく、西側資本主義と同様に商品・貨幣・賃労働を取引する市場経済のシステムであることが確認される。

ソヴィエト経済システムが西側資本主義と異なるのは、市場経済システムの有無ではなく、市場システムに作用する権力様式の差異にあることが洞察される。市場システムに作用する権力様式が異なるために、双方の経済システムには、経済諸主体の異なった行動様式がもたらされる。つまりソヴィエト経済システムには、西側資本主義とは異なったかたちで、市場競争を推進する独自な権力が作用している。コルナイとシャヴァンスは、国家所有と政治的権力の規定を受けて、ソヴィエト経済システムが西側資本主義とは異なる、いかなる独自の「競争秩序のポリティクス」（雨宮昭彦［2005］）を作動させているのかを開示しようとしたのである。

シャヴァンスの労働市場分析は、とりわけ興味深い。ソ連型経済システムには公式見解では消滅したとされる賃労働制度が機能し、労働市場が存在していた。西側資本主義とのちがいは、国民の労働権が憲法によって保障されていたことである。その条件下で、労働市場が機能するとき、労働者と企業経営者のあいだで独自な取引慣行が生ずる。労働者は、慢性的な労働力不足と労働権の保証という条件下で、自己を防衛する手段として、サボタージュや辞職の脅しを企業経営者に加える。その結果として、労働移動が激化し、離職率が増加する。経営者の方は、労働者の離職を見越して、あらかじめ余分な労働力を企業に抱えこもうとする。そのために、ミクロな企業レヴェルで労働力が余剰化し、労働の生産性が低下する傾向が強まり、その逆にマクロな労働市場のレヴェルでは労働力の不足傾向がますます強まるという矛盾が増幅される。

中央計画化の編制においても、中央機関が経済過程を専横的に管理するわけではなく、計画化の遂行の過程で諸種の経済主体がたがいの利害から熾烈な駆け引きをおこない、この駆け引きをとおして計画経済が運営された。たとえば、企業の資材調達は行政によって決定されているが、まさにそのゆえにこのシステムでは川上から川下の企業連鎖が何らかの事情で中断されたときのボトルネックの連鎖反応は大きくなる。資材調達の不確実性が増すので、企業はその対策として、資材を確保するために過大な投資計画を部門省庁に申請し、余分な資材を抱えこもうとする。また企業の生産目標については、自己の企業の生産能力を低く評価し、実際の生産能力よりも低い水準に生産目標を設定しようとする。政府の予算制約が緩いことが、過剰投資の傾向をさらに増長する。

これに対して、企業を配下に置く部門省庁やその部門省庁を統括する中央計画局は、企業が差し出す情報のこのような過剰投資と低い生産目標を見越したうえで、投資を抑制し、高い生産目標を企業に押しつけようとする。

したがって、計画経済の運営のプロセスは、労働者・企業経営者・部門省庁・中央計画局といった垂直的ヒエラルキーの各部署を担う経済主体が、自己の利益を追求するために相互に激しい駆け引きをおこない、この駆け引きをとおして計画目標が策定され、計画経済が運営されるのである。この過程には、公式の交渉取引だけでなく、非公式の闇の取引や違法な政治的贈収賄行為（いわゆる「袖の下」）も随伴する。

それゆえ、ソヴィエト経済システムにおいては、国家理性による計画経済の統治がおこなわれているというよりもむしろ、商品市場と賃労働関係を制御調整する市場経済の統治様式（自由主義の競争秩序）が、西側資本主義とは異なる垂直的な経済管理体制を通して作用している、と言わなければならない。「計画経済」と呼ばれるシステムは、国家という公権力が経済的な意思決定をおこない、国家が経済に関する知の普遍的主体となるシステムのことであるが、ソヴィエト経済システムは、公権力以外の企業、労働者をはじめとする多様な経済主体が意思決定過程において一定の役割を果たし、そこには市民社会および市場経済における西側資本主義とは異なる独特の権力が作動していた。このことが、レギュラシオン理論によって開示されたのである。

四　制度経済学と市民社会の統治性――オルド経済学

1　オルド自由主義とナチズム

一九八〇年代以降に台頭する新自由主義の思想は、すでに前史を有している。一九三〇年代にドイツに出現した制度経済学、つまりオルド自由主義がそれである。W・オイケン、F・ベーム、L・ミクシュ、A・ミュラー＝アルマックによって代表されるこの経済学派は、一九三〇年代の大恐慌と経済危機を、市場の競争原理にもとづく制度の再建によって克服しようとした。それは古典的自由主義のような自由放任を唱えるのではなく、国家の強力な介入によって、市場の自由競争の環境を制度的に整備するよう提言する。その意味でオルド自由主義は、レッセ・フェールの自由主義とも異なり、またマルクス主義のような社会主義とも対決する「新しい自由主義」という第三の道を提唱する経済学であった。

注目すべきことは、この「新しい自由主義」がファシズムの国家政策と結びつく、ということである。雨宮昭彦［2005］は、オルド自由主義がナチズムの国家統制経済に対抗して出現した経済思想であるという通説を批判して、その逆にオルド自由主義がナチズムの政策にみずからの思想の実現を託すものであったことを指摘している。(9) 市場の競争環境を国家の介入によって創出しようとするオルド自由主義は、大恐慌下の経済危機に直面して、この危機を経済的自由主義に向けて脱出しようと提唱し、その脱出路をファシズムのうちに積極的に見出していったのだ、と。

オルド自由主義は、一九三〇年代のドイツ経済の危機の原因を、経済の自然の進行を妨げる伝統的な国家介入主義と補助金主義に求める。保護主義的な農業団体、社会民主主義、労働組合などの市民社会の圧力によって、経済は独占価格、高率の関税、労働協約に拘束され、市場の競争が妨げられる。そのために、経済の自然的過程による均衡状態が達成されない。このような伝統的な国家介入主義を断ちきり、市場の均衡状態を確保するような政府の介入をおこなうこと、これを提言したのがオルド自由主義である。

オルド自由主義は、市場の自然法則に逆らうような国家の介入ではなく、市場の自然法則を尊重し、この法則を実現するような方向に向けて国家の介入を促す。それが「リベラルな国家介入主義」(雨宮昭彦［2005］一〇四頁)と呼ばれるものである。

オルド自由主義によれば、伝統的な介入主義は、労働組合をはじめとする各種の利益団体がみずからの利害にもとづいて国家に寄生し、国家を獲物として自らの利益を実現しようとする。オルド自由主義は、国家が市民社会の利益集団の利益実現のための道具となるような国家を「獲物としての国家」(同書一〇五頁)と呼ぶ。そして、このような諸集団や諸利害に振り回される国家を転換して、市場の自由競争を保障する強力な国家をうちたてなければならない、オルド自由主義はこう主張する。

「市場の自由の保障、全メンバーのための同じゲームの規則によるフェアな競争の保障」(同書一一一頁)、これこそ新しい自由主義が国家に求めるものである。

こうしてオルド自由主義は、国家・資本・労働の諸組織によって多元主義的に調整される資本主義に代わって、各種の利益団体・政党・労働組合を解体し、「強制的同一化」を図るナチスの政策に接近する(「国家コーポラティズム」)。伝統的介入国家の多元主義を批判することによって、新しい自由主義は「ナチスの強制的画一化の……自由主義的解釈」(同書一一三頁)を生み出すのである。「新しい自由主義」による伝統的な国家介入政策批判は、古典的自由主義における自由主義国家の変質を背景にしている。一九世紀末以降のドイツの国家は、国家理性による統治が後退し、国家と経済の関係が逆転して、経済の主導権が高まった。企業家と労働者、各種の利益団体が国家に働きかけ、国家を介して自己の利益を実現しようとする。国家の意思決定が経済によって掘り崩されるようなこうした国家が、インフレを助長する経済政策を打ち出し、高額の租税、独占価格政策、関税政策、価格協定を推進する。

これに対して、国家理性を復権し、資本主義経済の自然の秩序を機能不全にしている障害を取り除き、価格メカニズムが作動する市場経済の円滑な運営を保障するために国家理性による介入を推進しなければならない(ただし、フーコーが指摘するように、ここでもち出される国家理性とは、市場の経済的理性に従属し、市場によって制御された国家理性であることに注意)。

つまりオルド自由主義は、競争的な社会秩序を、国家の秩序政策によるルールや制度の構築をとおしてうちたてようとする。したがって、国家が推進する秩序政策は「法的制度的枠組みを中心とする政治であり、それは『制度的政治』と呼べるもの」(Chavance B.［2007］邦訳七七頁）であった。オルド自由主義にとって、制度とは、市場競争を人為的に創出し、それを社会全体に波及させるための自由主義の統治術の装置にほかならなかったのである。

だがこの自由主義は、自己の理念を実現するためにナチズムの「強制的画一化」を支持し、ナチズムを正統化する理念へと転換した。こうして、西欧の市民社会と市場から誕生したはずの自由主義の思想が、ユダヤ人を強制収容し、大量虐殺するジェノサイドの悪夢を導くことになるのである。

2 新自由主義とジェノサイド——生権力と人種主義

それにしても、国家の介入をとおして市場の競争秩序をうちたてようとする新自由主義の秩序政策は、なぜユダヤ民族を大量虐殺するような国家犯罪へと到り着くのであろうか。オルド自由主義がナチズムのような統制経済とつながったことについては、市場競争を制度によって保証するための国家の介入という理由で説明がつくとしても、そのような統制経済が他民族の大量虐殺を招いた事態を説明することはできない。

フーコーはそれをこう説明する。自由主義の統治術が民族の大量虐殺を招いたのは、自由主義を支える生権力が人種主義を随伴したためである、と。フーコーは、生権力あるいは生政治という新しい主権的権力が人種主義を不可避的に呼び起こすことによってジェノサイドをもたらすメカニズムを以下のように考察する（Foucault M.［1997］)。

かつての君主の主権は、臣下に対する生殺与奪の権利をもっていた。だが主権は生かすか死なすかを決定する権利をもってはいても、臣下を死なせるように生かすことはできない。したがって君主の主権は、臣下を「死なすか、それとも生きるに任せるか」(ibid., 邦訳二四〇頁)のいずれかを選択する権利をもつだけであった。

だがこれに対して、新しい生権力は、この古い権力に加えて、生と死の選択に対して新しい対処を生み出した。「死なすか、それとも生きるに任せるか」の選択に加えて、「生かし、死ぬに任せる権利」(ibid., 邦訳二四一頁)がそれである。身体を監視し規律づける規律訓練権力に加えて、新しい権力は身体ではなく、生物としての人間、人間という種に対して行使される。出生を管理し、人口統計を整備し、公衆衛生や衛生教育を施し、生物としての人間、あるいは人間の生息する環境、つまり都市環境に働きかける。こうして生命と生物としての人間に働きかけることによって、生かす権力が出現する。それが生権力である。したがって、この生権力は、生かすか、さもなくば死ぬに任せるか、を行使する権力となる。

こうして生権力は「徐々に死なせる権力ではなくなり、生かすために、生きる様態や『いかに』生きるかに介入する権利」(ibid., 邦訳二四七頁)になっていく。そして、この生きることに介入する権力が、資本の生産力の組織化にとって決定的に重要な役割を果たすようになる。

だがそうなると、権力はひとびとの生命を最大化することに介入することはできても、死に対して介入することはできなくなる。そのために、ひとの死は権力の手を逃れ、私的な事柄となる。「死なす」権利をもった君主的権力がしだいに後退するようになり、生権力が発展する場合、「この権力のテクノロジーにおいて、どのようにして殺す権利と殺害の機能が行使されることになるのか」(ibid., 邦訳二五三頁)。

フーコーはその解答を人種主義に求める。生権力は人種主義を国家に組み入れることによって、「生きるべき者と死ぬべき者を分ける」(ibid., 邦訳二五三頁)。国家は人種を裁断することによって殺す権利を獲得するのである。

人種主義は、生物学的な関係をとおして自己の生命を他者の死によって保証するという「戦争型の関係」(ibid. 邦訳二五四頁)をうちたてる。「劣等種」の絶滅によって「優等種」の生存を保証するという関係がそれである。こうして、ひとを生かす権力である生権力は、人種主義によってひとを処刑する権力を手に入れる(処刑の対象となるのは、「劣等人種」だけでなく、障がい者、難民、ホームレスなどの社会的弱者もふくまれる。人種主義は優生思想と不可分であり、生権力は両者を一体のものとして提唱する)。

> 国家の殺人機能は、国家が生権力に従って機能しはじめるや、人種主義によってしか保障されえない。 (ibid., 邦訳二五五頁)

こうして生権力が発展するとともに、人種主義も増殖するようになる。人種は、健康・衛生・寿命と並んで生権力の重要なテーマとなる。つまり、近代の人種主義は、権力のテクノロジーと結びつき、権力の行使のメカニズムのなかに組みこまれることによって、強大なイデオロギーに成長する。この生権力と人種主義の結びつきこそ、市場競争の秩序を保証する積極的な国家介入主義がジェノサイドへと帰結するゆえんである。市民社会の自律を唱える自由主義の権力は、生命としての人間に働きかける生かす権力であるがゆえに、人種主義という殺す権力をそのなかに随伴することによって、他民族のジェノサイドという全体主義の悪夢を呼び起こすのだ。

「結局のところナチズムは、一八世紀以来配置されていた新しい権力のメカニズムが頂点に達したもの」(ibid., 邦訳二五七頁)である。それは、「生権力を間違いなく全般化した社会」であると同時に、そのことによって「殺す主権的権力を全般化した社会」(ibid., 邦訳二五八頁)でもあった。

自由主義の統治は、市場取引を放置するのではなく、市民社会の自律を保証し、市民の安全と身体の保護を保証し、自由な活動から生ずる危険から社会を防衛しなければならない。自由になることが、規律を受け入れ、監視を容認することになる。このような生権力の行使が、さらに人種主義という殺害の権利を呼び起こすとき、理性を称賛する西欧文明は、殺戮と強制収容所の文明に反転する。社会の防衛が生権力をコントロールする民主主義によって制御されないとき、全体主義がすがたを現わす。

西洋の政治的理性は……君主の権力から規律の権力と生の権力へと変遷を遂げる過程で、ついに自殺的な権力に到達する。

(中山元［2010］二五六頁)

自由と理性を誇らしげに掲げる西欧文明が、なぜ大量殺りくと強制収容所を作り出すことになったのか、フーコーはその秘密を市民社会にはらまれる自由主義の統治性のなかに探り当てたのである。

「啓蒙とリベラリズムがもたらすはずだった自律と自由と解放にいたる道が、この死に塗れた歴史をもたらした謎を解くこと」(中山元、同書二五六頁)、フーコーはこの謎の解明に挑んで、市民社会に潜む生権力のうちにその鍵を見出したのである。

全体主義は、国家が市民社会の外部から介入することによって生ずるのではない。それは市民社会自身のうちにはらまれる統治性が国家をみずからのうちに召喚するときに生ずるのである(10)。

むすび　「社会は防衛しなければならない」——ポランニーとフーコー

市民社会を考察する経済学の言説、そして市民社会を構成する制度は、ともにそこに私的・集団的・階級的な紛争を制御する力の作用をはらんでいる、このことが以上の考察から明らかになった。権力が作用する空間という視座に立って、市民社会を再考し、制度経済学の言説を再認識することが求められている。

この視座は、自由主義の統治における社会の防衛という問題を明るみに出す。周知のように、カール・ポランニーは、一九世紀に出現した市場の自動調整機能が、社会から自立した市場の暴走を促したことを喝破した。市場の自己調整機能が発展するとともに、経済が社会の他の諸領域を侵食し、利潤の追求という経済的動機が社会のあらゆる領域を支配し、社会が経済に従属し、社会は経済の補完物のようになる。土地・自然環境・人間の労働力のような商品として生産できないものが、あたかも商品のようにして、「擬制商品」として、市場で取引される。市場は「悪魔のひき臼」となって社会を押しつぶす。この傾向を逆転させ、市場を社会に埋め戻し、社会を防衛しなければならない。これがポランニーの『大転換』のテーマであった。

だが社会の防衛というテーマは、フーコーによって異なるコンテクストで再提起される。市場経済において作動する自由主義の統治術は、自由の推進とともに社会の安全を脅かし危険を増幅する。自由主義の統治は、自由と安全という相矛盾する課題を引き受けつつ、社会を統治する必要に迫られる。場合によっては、自由を保証するために導入した制度が逆に、社会を破壊する効果を及ぼすこともありうる。このような自由主義の統治術の危機に直面したときに、社会の防衛というテーマがたちあらわれる。自由主義を統治する生権力は、そのとき人種主義のイデオロギーによって人種を裁断し、他民族の抹殺によって自民族の救済を図ろうとする。こうして、社会の防衛をとおして、自由主義の統治はジェノサイドへと反転する。

新自由主義が支配する時代に生きるわたしたちは、ポランニーとフーコーが提示した社会の防衛に関する両側面の課題に直面しているのだ。社会の防衛が、新自由主義が発動する人種主義の暴力へと飲みこまれていくか、それとも新自由主義を超える連帯と協働の社会を創造することができるのか、われわれはその歴史的選択の岐路に立っている。

注

（1）本論における市民社会の概念、とりわけブルジョア社会（société bourgeoise）と市民社会（société civile）の区別と関連、および、ヘーゲル、マルクス、グラムシの市民社会認識については、平田清明［1993］に多くを負っている。本章は、平田清明のこの市民社会論を方法論的手がかりとして、二一世紀世界を読み解こうとするこころみである。

花田達朗［2020］は、はユルゲン・ハーバーマスの市民的公共性を論ずるなかで、ブルジョア社会と市民社会の区別と連関を的確に把握している。

（2）社会的なものを構成する実践としての政治は、今日、社会の空間にも貫かれている。空間は社会に先立つ客観的な枠組みではなく、生産諸関係と社会諸関係が組織される場であり、生産と政治の対象となっている。このことを洞察したのがアンリ・ルフェーヴルの『空間の生産』［1974］であった。ルフェーヴルは、社会形成の根源に空間の政治を位置づけ、それを通常の政治と区別して、「絶対的政治」（Lefebvre H.［1968］邦訳一一四頁）と呼んだ。

花田達朗［2020］は、日本で「公共性」と邦訳されているハーバーマスのÖffentlichkeitが空間の概念であることに着目して、これを「公共圏」、あるいは「公的意味空間」と訳している。

「公共圏とは言説や表象が交通し、抗争し、交渉しつつ、帰結を生み出していく、そういう過程が展開される社会空間のこと」（同書六頁）であり、市民社会を創造するための闘いの言葉である、と。

公共空間を言説や表象のせめぎ合いとしてとらえるこのような視座は、グラムシのヘゲモニー概念にも相通ずる。

（3）不平等や格差を容認する自由の概念として〈能力主義〉という格差の社会的表象が定着していったことについては、第Ⅰ部第1章のトマ・ピケティを参照されたい。

（4）したがって、規律訓練権力は近代的権力の主要因であり、また自由主義の統治とも密接不可分な権力形態である。

規律訓練権力と自由主義的統治との関連について、フーコーはつぎのように説明している。自由主義は自由をもたらす一方で、自由の行使が社会の安全を脅かす危険を必ずともなう。この危険を管理するために自由に歯止めをかけ、規律を課するテクノロジーが自由主義の統治において増大する。したがって、経済的自由の統治術と規律訓練の統治術とは密接に結びついている。規律訓練装置であるパノプティコンは、ほかならぬ自由主義の統治が出現した一八世紀末に考案された。

フォード主義において作動する規律訓練権力は、国家理性にもとづくのではなく、市民社会の経済的理性にもとづいて作動する権力である。そして規律訓練権力は、ポスト・フォード主義の時代においても退場するわけではなく、むしろ安全の脅威が強まるとともに強化されることになる。

（5）斉藤日出治［1990］は、アグリエッタ／ブレンデール［1984］の「賃金生活者社会」の編制の論理をフーコーの規律訓練権力の方法論的な援用として位置づけた。

（6）レギュラシオン学派のB・アマーブル［2003］は、制度を、経済効率の視点からではなく、社会的コンフリクトから生まれる政治的妥協の視点からとらえて、制度を政治と権力の視座から考察する。制度は、平等な経済主体間のコーディネーションではなく、不平等な権力関係にある経済諸主体の戦略的行動の結果として出現するのであり、したがって、制度と政治とは不可分の関係にある、と。（ibid., 邦訳二三―二八頁）。

（7）B・シャヴァンスによる社会主義のレギュラシオン分析の特徴を整理・分析したものとしては、

斉藤日出治［1998］の「三　二〇世紀社会主義と制度の政治経済学」を参照されたい。

（8）レギュラシオン理論の第二世代の研究では、制度の相互補完性と階層性にもとづく資本主義の多様性の研究が著しく進展した。これについては、Amable B.［2003］および山田鋭夫［2008］を参照されたい。

（9）オルド自由主義の経済政策思想についての丹念な研究は、雨宮昭彦［2005］によってなされている。拙論におけるオルド自由主義の記述については本書に多くを負っている。

（10）シュテファン＝ルートヴィヒ・ホフマン［2006］は、ナチズムが市民社会におけるアソシエーションの運動の中から発生したことを強調している。ナチス党の前身は、一九二〇年に設立された「国民社会主義ドイツ労働者協会」であり、この組織は政治的な活動をおこなわない社交クラブのようなものであったが、ナチス党はこのようなアソシエーションのなかに浸透することによって勢力を急速に拡大していった。とりわけナチス党は、ブルジョアと労働者階級の協会文化のなかに浸透して、自由主義的ないしは社会主義的であった協会を支配した。

「いいかえれば、ナチスはドイツの市民結社を内側から征服したのである」（ibid., 邦訳一三三頁）。ナチスが権力を掌握する過程には、グラムシがヘゲモニーの概念によって洞察した市民社会のダイナミズムが深く息づいていることがわかる。ナチズムの勝利は、「地域のアソシエーション活動の息の根を止め」、「自発的アソシエーションを中央集権化され統制された大衆組織におきかえ」（ibid., 邦訳一三三―一三四頁）ることによって可能となったのである。

全体主義を二〇世紀の時代精神として考察したE・トラヴェルソ［2002］も、全体主義の概念が身分と階級の伝統的社会の解体にともなって、「大衆が政治生活の舞台に登場する民主主義の時代の倒錯的産物である」（ibid., 邦訳二〇頁）ことを強調している。異質な利害関係や対立関係が複合的に交差する市民社会がみずからを制御調整する政治を無化し、この社会を構成する「政治的なもの」が消滅したときにこそ、全体主義は発生する、と。

「全体主義は、社会体を貫いている異種性、葛藤、多様性の場として定義された〈政治的なもの〉を、無化することに他ならない」(ibid., 邦訳二一二頁)。それは「人間の多様性が出会う場としての政治的なものを破壊する」(ibid., 邦訳二一三頁)ことによって出現する。

第II部　戦後日本資本主義の破局的危機

――「歴史戦」と「大東亜戦争」――

はじめに　歴史的対話――新自由主義の危機と一九三〇年代危機

市民社会は衰退したのだろうか。一九八九年の東欧民主化革命で高揚した市民社会は、いまやすっかり影を潜めてしまった。共産党の独裁政治を打破した市民革命は、崩壊後の旧社会主義諸国が新自由主義に飲み込まれていく過程で、市民革命としての性格を急速に失っていく。

東欧だけではない。冷戦体制崩壊後の世界は、市場のグローバル化の進展によって、あらゆる社会諸関係を市場取引の関係に還元し、市民社会は市場の自由競争の社会とほとんど同義のものとして表象されるようになってしまった。企業の経営者にとって、市民社会とは、市民が自己責任にもとづいて市場競争に能動的に参画し、市場メカニズムによって社会を調整する仕組みが順調に機能するようになる社会のことにほかならない。

一九八〇年代以降に高揚するＮＧＯやＮＰＯなどの市民ネットワークは、市場と国家に対抗する市民の自律した共同的・公共的圏域を創出したというよりも、むしろ福祉・医療・環境といった領域で後退した国家の機能を代替し補完するだけの機関へと変質する。

さらに、この市民社会の内部から難民・移民を排除する市民運動が高揚し、排外主義的なナショナリズムが発動される。米国、ヨーロッパ、日本の各地で似たような排外主義の動きが昂進する。

このように、市民社会についての表象が多義的になり、しかもたがいに敵対し矛盾しあうようになったために、市民社会が無概念化し無力化したかのようにみえる。まるで市民社会が市場経済に飲みこまれ、国家の意のままに翻弄されて右往左往するかのようである。

そうなのだろうか。市民社会は国家や市場経済とは分離された自立した聖域ではないし、中立的な市民団体が集合する領域でもない。市民社会はたがいに敵対する社会諸集団や諸個人が社会のさまざまな表象を抱き、その実現に向けて争うコンフリクトの場である。そして、そのコンフリクトが市場経済や国家の領域と絡み合い、市場経済や国家のかくあるすがたをかたちづくる。

市民社会における社会の多義的な表象のせめぎ合いは、市場経済の仕組みを組織し、国家の政策を方向づける重要な回路となる。今日進展している新自由主義的な経済の組織化、軍事化する国家の政策は、市民社会における表象のせめぎ合いの結果として出現するものにほかならない。

本論が問おうとする市民社会とは、市民団体のような実体的組織のことではなく、社会を多義的に表象する言説がたがいにせめぎ合いつつ、経済、あるいは国家の領域と分節＝連節して作用する政治としての市民社会である。市民社会は、労働組合、市民組織、経営者団体などの社会諸集団が掲げる理念、企業の内部組織や企業間関係の組織化のありかた、歴史的過去の集団的記憶のありかた、外交関係にかかわる政治家や外交官による国際政治の表象、社会における市場の位置づけ、といったあらゆる表象に介入し、その表象を組織する媒介機能を果たすものである。この表象がはらむ政治的作用のなかに市民社会は存在する。

本論は、このような市民社会の認識にもとづいて、戦後日本社会の新自由主義的な転換の動態を考察する。戦後日本に定着した日米関係、労使間妥協、企業間妥協、そして、とりわけ侵略あるいは植民地主義についての集合的な歴史記憶がたがいに共進化して生み出された戦後体制が、市民社会の言説（表象）の転換をとおして、新自由主義の体制へといかにして構造転換するのか、を究明する。これが本論の第一の課題である。

第二の課題は、この市民社会の言説を媒介とした社会形成を過去との歴史的対話をとおして考察することである。一九三〇年代におけるファシズムの時代は、市民社会とは無縁の時代として理解されている。「満洲国」の偽造から日中戦争、そしてアジア太平洋戦争へと戦線が拡大する動きは、軍部の台頭、国家による総動員体制の急進展、日本企業の海外侵略などの視点からこれまでとらえられてきた。

だが、日本社会を構成する社会諸集団が「大東亜共栄圏」あるいはアジア主義という言説を媒介にして合意形成を獲得するという市民社会の動態的運動を抜きにして、「大東亜戦争」への道はありえなかった。

市民社会の視座からの「大東亜戦争」の歴史的な内省は、二一世紀前半における今日の日本の社会危機を考えるうえできわめて重要な意味をもっている。新自由主義の危機に直面する現代と「大東亜戦争」へと向かった一九三〇年代を、市民社会の共進化がもたらす社会の破局という視点から対比してみる、というのが本論のもうひとつ課題である。(1)

一　方法としての市民社会

本書第I部第3章で論じたように、本書が提示する市民社会の概念とは、政治的国家とは区別された商業社会でも、経済とは分離された政治社会でもなく、政治的上部構造（国家）と物質的生産関係（経済）の双方に架橋してその両者を編成する媒介としての政治過程である。そのような国家と経済の双方を架橋する政治過程としての市民社会の概念を発展させたふたりの論者の市民社会論についてはじめに概観しておきたい。

1　市民社会の複合的表象とコンフリクト——メアリー・カルドー

市民社会を経済と国家を架橋する過程的構造としてとらえるとき、この過程的構造を組織する重要なモメントになるのが、社会諸集団や諸個人が社会を表象する仕方である。社会諸集団や諸個人は、みずからが表象する社会像を介して思考し行動して、経済を組織し国家をかたちづくるからである。

イギリスの国際政治学者のメアリー・カルドー［2003］は、グローバル市民社会を論ずるに当たって、市民社会のこれまでの歴史に登場した五つの異なった市民社会の見解を提示し、この五つの市民社会の表象が国家を超えたトランスナショナルな次元で複合的な社会像として浮上し、それらの社会像がせめぎ合う敵対的で紛争的な社会としてグローバル市民社会を定義する。

第一の市民社会像は、法の支配にもとづいて公共の安全を図る政治的国家と同義に理解される古典的な市民社会である。

第二の市民社会像は、その逆に、資本主義の発展とともに出現する市民的交通形態を媒介にして組織される経済的諸関係の総体としての市民社会である。「ブルジョア社会」と呼ばれるこの市民社会は、第一の市民社会像とは正反対に、国家に対置される商業社会である。

第三の市民社会像は、一九七〇―八〇年代の東欧社会主義諸国で台頭した官僚主義国家に対抗する自治組織としての市民社会で、カルドーはそれを「社会活動家的な見解」（Kaldor M.［2003］邦訳一一三頁）と呼ぶ。

第四の市民社会像は、市民社会を市場と国家の補完物あるいは代替物として位置づけ、市場の機能の円滑化、国家の計画の実行手段として市民社会をとらえる「ネオリベラル的な」（ibid., 邦訳一四頁）市民社会像である。

第五の市民社会像は、グローバル化によって動揺した国民国家の枠組みに支えられた宗教集団、民族集団がグローバル化に反発しつつ唱える原理主義的で排外主義的な市民社会（「ポストモダン的な見解」（ibid., 邦訳一五頁））である。

グローバル市民社会とは、このような市民社会の多義的な表象がたがいのヘゲモニーを獲得しようとしてせめぎあうコンフリクトの世界であり、このコンフリクトをとおして、市場経済が組織され、国家が位置づけられる(2)。

このグローバル市民社会における多義的表象のせめぎ合いは、一国内部の市民社会の多義的表象のせめぎ合いに反響する(3)。

そして、これらの五つの市民社会像のせめぎ合いをとおして支配的な地位を占める表象が、市場経済の組織化や国家の組織化にとっての決定的契機となる。後述するように、二〇世紀末から二一世紀初頭にかけて、日本の新自由主義が急進展する市民社会においては、「ネオリベラル的な」市民社会像と「ポストモダン的」な市民社会像が支配的な表象としてせり出してくる。このような市民社会の表象は、一方で金融や雇用の規制緩和、民営化といった経済政策および企業経営者のフレキシブルな雇用政策を規定すると同時に、他方で排外主義的なナショナリズムを発揚させ、権威主義的な国家の台頭をもたらす。

2 「共進化」の場としての市民社会――D・ハーヴェイ

市民社会像の多義的表象は、企業の組織化、労使間の妥協的取引、国家の政策、市場の組織化、歴史の集合的記憶などがたがいに分節＝連節する際の媒介をなすことによって、社会の総合的な姿態をかたちづくる決定的なモメントとなる。市民社会における多義的な社会表象が社会のさまざまな活動領域に反響して、共進化の作用を発揮する。

市民社会とは、そのようにして国家・経済・教育・文化・法・宗教・科学研究・日常的慣習・世界観などの社会の諸領域を相互に作用させ、たがいの関連を組織する総過程的媒介をなす。

つまり、社会の活動領域は、いずれか一つの領域、たとえば経済領域が国家・法・政治・文化・宗教・精神的諸観念・教育・科学技術といった他のすべての領域を一義的に規定するような因果関係によって編成されているのではない。それらの諸領域がたがいに作用を及ぼし合って、それぞれの領域が独自な進展を遂げるなかで、社会の総合的な姿態が編成されてくる。そのような社会の諸領域の相互作用を媒介する過程として市民社会はある。

この総過程的媒介としての市民社会を「共進化」という概念によって解き明かそうとしたのが、デーヴィッド・ハーヴェイ〔2010〕である。ハーヴェイは、マルクスが『資本論』の機械制大工業を論じた章の冒頭に登場する脚注で、機械という技術が社会の諸領域に及ぼす作用をダーウィンの進化論の方法を用いて読み解くそのしかたに着目する。

マルクスはそこで、機械という技術が、人間の自然に対するかかわり方、ひとびとの生活諸関係の組織のしかた、世界を表象する精神的観念のありかた、労働と資本の階級関係のありかた、生産過程における労働者のありかた、ジェンダーや家族のありかたにさまざまなかたちで作用を及ぼしつつ、それらのさまざまな領域がたがいに共進化して、資本主義の総姿態をかたちづくっていくことに注目する。

機械体系の発展は、労働者を固有の技能をもった職人の地位から機械のたんなる付属品の地位へと押し下げた。だが、機械を操作する労働者の配置転換を促進するために工場立法が制定され、労働者の教育が義務づけられることによって、固定した分業関係に縛られていた個人がその分業関係の拘束から解き放たれ、多面的に発達を遂げる個人へと転換する可能性を切り開く。女性や児童の労働への参加は、子供の教育や家庭における性別役割分担に重要な影響をあたえる。

精神的諸観念、社会的諸関係、日常生活の形態、社会的諸制度、技術などの多様な活動領域が、「資本主義の歴史的進化の中でさまざまに共進化する。どれか一領域が他の諸領域を支配するわけではない。……これらの領域のいずれも、……絶え間なく更新され変容する傾向がある。領域間の関係は因果関係ではなく、資本の流通と蓄積を通じた弁証法的な絡み合いである。したがって、全体としての編制のあり方が社会生態学的総体性を構成する」（D・ハーヴェイ［2010］、邦訳一六四―一六五頁）[4]。

共進化とは、生物学の用語で、複数の生物がたがいに作用を及ぼし合いながら進化を遂げていく過程のことを言う。ハーヴェイは、共進化においてそれぞれの活動領域が社会総体のたんなる部分として存在するのではなく、それぞれの活動領域が独立して運動し、その相互作用が社会総体をかたちづくることを強調する。それらの活動領域は自立して運動するだけでなく、それらの相互作用から影響を受け、その共進化をとおしてみずからの活動領域をかたちづくる。

土台と上部構造に架橋する総過程的媒介としての市民社会は、このような共進化の運動をとおして作動する。

二　米国における市民社会の共進化と新自由主義の発生

ハーヴェイ『新自由主義』〔2005〕は、この市民社会の共進化の運動をとおして、米国で新自由主義の社会がいかにして出現したか、を論じている。

通常、米国における新自由主義は、一九八〇年代に登場するレーガノミックスの経済政策に端を発するものと理解されている。一九八〇―八六年に大統領を務めたロナルド・レーガンは、国有企業の民営化、市場取引の規制緩和、雇用の規制緩和、減税政策、福祉の削減、公共サービスの縮小、労働者保護の廃止といった政策をつぎつぎとうち出し、第二次大戦後の一九六〇―七〇年代における政府の市場介入によるケインズ主義的な経済政策を一新する市場原理主義的な政策を展開した。だが、ハーヴェイは、政府の経済政策の転換が他の社会諸領域に一元的に作用するようなかたちで、米国における新自由主義の出現を解き明かさない。その逆に、かれは、社会のさまざまな活動領域の複合的な相互作用の結果として新自由主義が出現する過程を解き明かそうとする。政府の経済政策は、このような共進化のひとつの契機として位置づけられる。

ハーヴェイの新自由主義論はこうである。戦後の米国社会が新自由主義に向けて舵を切る転換の契機となったのは、戦後米国における資本の階級的権力の弱体化である。累進度の高い所得税制度、高福祉による所得配分、労働運動の高揚による高賃金政策がもたらした資本の分配率の低下、これらが企業利潤を圧縮し、資本蓄積の進展を妨げ、富裕階層の不満を高めた。
このゆきづまりを打開するためにうち出されたのが、金融業務の国内・国際市場における規制緩和、および債務による資金調達の自由化である。さらに、雇用の規制緩和、移民の大量の受け入れ、企業の海外移転などによる市場のグローバル化の進展によって、労働に対する資本の権力が強力に復活する。

このような資本市場・金融市場、労働市場における制度変革の動きは、市民社会における精神的観念の領域と共進化する。経済学、法学、哲学、政治学、倫理学といった学問領域において、自由の概念が変質し、企業および私的個人の市場取引における自由を賛美し、私的所有権を神聖化する自由についてのとらえ方がしだいに前面に登場するようになる。経済学では、ケインズ経済学やマルクス経済学が後退し、市場原理によって経済を編成する新古典派理論が、主流派の地位を独占するようになる。ハイエクやフリードマンが唱える自由主義の経済学が、経済学の学問領域で主流を占めるようになる。

注意すべきことは、学問領域における自由の概念の変質が経済領域における市場改革と階級権力の転換の動きの作用を受けて生じたというよりも、むしろ前者の動きが後者の動きを先導した、と言うことである。経済学に関して言えば、リップマン、ミーゼス、ハイエクら経済的自由主義者は、すでに第二次世界大戦前の一九三七年にリップマン・シンポジウムを開催して、市場経済を唯一実行可能な経済システムであるという前提の下で経済を構想する議論を展開していた。

また、第二次大戦直後の一九四七年には、これらの経済学者がモンペルラン会議を開催して、私的所有と競争的市場を文明の価値基準とした市場社会の建設を目指す討論をしている。経済学における経済的自由主義の言説が、戦後の階級権力の転換と市場の新自由主義的改革を準備し、その改革に道筋をあたえる言説的ヘゲモニーとしての力を発揮したのである。

消費生活の領域においても、私的個人の排他的な自由を基盤にした消費様式が多様なかたちで追求されるようになる。画一的で集団的な消費に代わって、個人主義的で個性的な消費スタイルが称揚され、ニッチ化された多様なライフスタイルが賛美される。物品だけでなく、芸術・文化や歴史的な遺跡や都市の景観がスペクタクル化され、消費の対象として組織され、個人の私的欲求を刺激し、かきたてる。

社会運動では、民族の解放、労働者の解放といった集団の権利の獲得を課題とした運動に代わって、個人のアイデンティティの創造を課題とするライフ・ポリティクスの社会運動が台頭する。ノートパソコン、携帯電話、iPodなどのウェアラブルな電子機器の出現が、個人主義を高揚させ、それらの技術を駆使した成果を個人の所有物とみなす所有個人主義の意識を高める。

このような個人主義の高揚は、表現、結社、自己決定といった市民的権利を育てる方向へと向かうのではなく、市民を消費者へと、つまり商品の受動的な享受者へと還元する傾向を強める。一九六〇年代におけるフランスの五月革命、世界の学生叛乱、諸種の対抗文化は、この個人主義的な消費革命の流れに回収されていく。

さらに、新自由主義に向けた共進化を促迫する重要な契機として、ハーヴェイは、一九七〇年代におけるニューヨークの財政危機に端を発する都市政治の転換に着目する。

ニューヨークは、一九七〇年代後半に、財政支出の膨張や連邦政府の補助金の打ち切りによって深刻な財政危機に陥る。そのためニューヨーク市が発行する短期債の債務支払いが困難となる。ニューヨーク市議会は財政統制委員会を設置して、市の財政の全面的な統制と監督をおこなうが、ここで大きな役割を果たしたのが金融業者である。

金融業者は公務員労働組合と結託して財政支出の削減と財源の確保を図る。公務員労働組合は、金融業者との妥協的取引によって、職員数の削減に応じながら、給与水準の引き下げを回避しようとする。

そして、この自治体労組と金融業者の妥協の犠牲となったのが、公共サービスを大幅カットされた市民であった。福祉受給者の削減、公立大学の学費の有料化、地下鉄料金の値上げ、消防署の閉鎖、保育所支出の削減など、公共サービスの削減政策がつぎつぎと断行される。

金融業者はこの市財政への介入を契機として、都市開発投資を強力に推し進める。一九八〇年以降、公共の土地が処分され、土地の利用規制が緩和され、オフィスビルの減税措置がとられることによって、ニューヨーク市街地の大規模開発投資が推進される。マンハッタンの中心地区を軸にして都市空間が民間投資の対象となり、建設業者、開発業者、投資銀行家がそこから巨大な利益を引き出す。(5)

ハーヴェイはこのような金融資本によるニューヨーク市の公的財政への介入を「ニューヨーク市に対する金融機関のクーデタ」と呼び、「チリにおける軍事クーデタと同じ効果をもった」（Harvey D.［2005］邦訳六八頁）と言う。一九七二年のチリの軍事的クーデタは、米国のCIAや多国籍企業に後押しされて、アジェンデの社会主義政権を武力で打倒したピノチェト将軍が、政権奪取後、ミルトン・フリードマン率いるシカゴ学派の政策指導の下に新自由主義を一挙に導入した。この同じやり口が、米国の国内でニューヨーク市の市財政に対する金融資本の介入をとおして採用されたのである。(6)

一九七〇年代におこなわれた都市財政という公的領域への私的金融資本の介入というこの手法が、やがて一九八〇年代にレーガン政権によって米国の国家的規模の経済政策となってあらわれ、さらにＩＭＦによる国際的な構造調整策となってあらわれる。

> ニューヨークの財政危機に対する対処法は、一九八〇年代における、国内的にはレーガン政権による、国際的にはＩＭＦによる新自由主義的実践の先駆だった。
>
> （Harvey D.［2005］邦訳七一頁）

つまり、レーガノミックスの経済政策は、米国における新自由主義の出現の原因というよりも、むしろそれに先立つ市民社会の多様な領域の共進化――階級権力の力関係の変化、市場の制度改革、学問研究における精神的諸観念の転換、消費生活における消費様式の転換、社会運動の課題の転換、都市の財政政策の転換――がもたらした帰結であることがわかる。

ハーヴェイは、このような新自由主義的共進化をつぎのように総括する。

> 資本主義はさまざまな活動領域の中で共進化と不均等発展を経てようやく、それ自身の特有の技術的基盤を獲得したのであり、またその独自の生産過程や制度的・行政的枠組みはもちろんのこと、その信念体系や精神的諸観念、その不安定だが明らかに階級に支配された社会的諸関係の編成、その奇妙な時空間的リズムとその同じく特殊な日常生活の諸形態を見出したのであり、したがって、これこそ真に資本主義だと言いうる存在になったのである。
>
> （Harvey D.［2010］邦訳一七二―一七三頁）

三　日本の新自由主義と市民社会の共進化の構造転換

それでは、日本における新自由主義の出現は、市民社会のいかなる共進化の運動をとおしておこなわれたのであろうか。

戦後日本社会の共進化の運動は、一九九〇年代を境として巨大な構造転換をもたらす。戦後の成長経済を支えてきた日本の制度的妥協の重層的構造がしだいに機能障害を起こし、その重層的構造によって包み隠されてきた、深層の社会的無意識（日本の国家犯罪の否認）が露呈してくる。重層的構造の転換は、この露呈した社会的無意識をめぐるヘゲモニー闘争をとおして推進される。

1　企業社会から規制緩和と競争社会へ

戦後日本は、一九五〇年代後半の戦後復興、一九六〇—七〇年代前半の高度成長、一九七〇年代後半から一九八〇年代の輸出主導型成長を通じて経済成長を追求し、「経済大国」への道を突き進んできた。

この戦後日本資本主義の成長経済を支えたのが、「企業社会」あるいは「会社本位主義」と呼ばれる日本に固有な労使間妥協と企業間関係の調整様式であった。大企業の男性正社員を中心に経営者と労働組合のあいだに結ばれた特殊な労使間妥協、それは経営側が労働者に長期の雇用を保障し、その見返りとして労働者側に企業に対する無限の忠誠を求める、という雇用妥協であった。この妥協が日本に固有な内部労働市場による技能形成を支え、企業の高い福利厚生による企業福祉制度を生み出し、労働者の企業への全面的な包摂と労働者の労働意欲の向上を促すことによって、日本企業の国際競争力をはぐくんだ。だがその一方で、企業による労働者の私生活権や市民的権利の浸食を強めて、長時間労働・過労死・単身赴任・配置転換などの深刻な人権侵害を増幅させることにもなる。

さらに、この労使間妥協は、日本資本主義に固有な企業間関係によって支えられた。メインバンク制度と株の相互持ち合いによる系列という企業集団の組織化、がそれである。

メインバンク制度とは、銀行が取引先の企業に対して資金を供与すると同時に、企業の投資を企画し管理し監視して経営の保護を図る、企業はその見返りとして銀行に収益機会を提供する、という銀行−企業間の妥協である。また、日本の主要大企業は、取引関係にある企業同士で株を相互に持ち合うことによって安定した企業間関係をつくりあげ、外国資本からの買収を防止する。このような金融妥協、企業間妥協によって、企業の長期的な経営が保証され、この妥協が企業内部の労使間妥協を支え、この重層的な制度的妥協によって、日本企業は、正規労働者の長期雇用を保障すると同時に、企業の国内外の競争力を維持・強化した。これが、戦後日本の経済成長を支えた社会的諸階級・諸集団に固有な妥協の制度化の構造であった[7]。

だが、一九八〇年代以降進展する世界経済の金融化とグローバル化の流れのなかで、日本はバブル経済の崩壊に直面し、その後、「失われた二〇年」と言われる深刻な長期不況を強いられるようになる。日本資本主義は、この長期不況を打開するために、戦後日本の資本主義を支えた制度的な妥協を放棄するようになる。

まず、バブル経済が崩壊し長期不況に陥った一九九〇年代に、日本の企業経営者は、戦後定着した日本的経営の大幅な転換を図る。一九九五年に日本経済団体連合会が提唱した「新時代の日本的経営」では、長期の雇用契約を管理職、総合職、技術部門の社員グループに限定し、企画・営業・研究開発の専門職、一般職・販売職の社員については、契約社員・派遣・あるいは臨時職員として雇用することによって、長期の雇用契約を基本とする日本的経営システムを事実上放棄する。

政府も、この経営方針に呼応するかたちで、雇用の規制緩和の法改正を進めた。一九八六年に制定された労働者派遣法が一九九九年に改定され、派遣を可能とする職種を大幅に増やす。この時期以降、日本の労働者の正規雇用と非正規雇用の比率は大幅に変化する。厚生労働省「雇用の構造に関する実態調査」二〇一五年度実績」によると、一九九〇年に総労働人口の二〇%だった非正規労働者の比率が二〇一五年には四〇・五%へと倍増している。

このような規制緩和策は、都市の空間に対しても行使される。ハーヴェイがニューヨークにおける都市政策に見たのと同じような動きが、日本の都市政策においても進行する。

二〇〇一年に小泉内閣が誕生すると、ただちに「都市再生本部」が設置された。そのねらいは小泉内閣の新自由主義的構造改革路線を都市計画に適用することであった。一九九〇年代以降続く日本経済と都市の低迷状態を打ち破るため、土地の流動化を図り、民間企業の都市開発投資を促進するために、二〇〇二年二月に「都市再生特別措置法」が制定される。この法律では、東京をはじめとする全国の主要都市の中心地区を「都市再生緊急整備地区」に指定し、この地域に関しては、都市計画法や建築基準法の適用除外地域と定め、日照権や景観などを考慮することなしに、事実上の建築規制なしの高層ビル建設が認められるようになった。東京では、渋谷、池袋、恵比寿、新宿、大崎、品川、東京駅、秋葉原など山手線沿線で高層ビルが建設され、「職住一体」をキャッチフレーズにした都心部のマンション建設ラッシュが始まる。その結果、都心部の地価は急上昇し、二〇〇三―四年の都心部のミニバブル現象が発生する(8)。

このような都市政策の実施によって、東京をはじめとする日本の主要都市の空間は、都市に住む住民の暮らしを改善するためではなく、企業の投資とビジネスチャンスのために開発され、都心部に集中した都市開発が進む一方で、郊外地区や地方都市は荒廃した状態のままに放置される。

このようにして、企業の労使間妥協、雇用の法的規制、都市開発政策のいずれにおいても、かつての企業主義的調整に代わって、新自由主義的な共進化のベクトルが強力に作動するようになる。

2 日米妥協から日米軍事同盟へ

日本の経済危機にともなう労使間および企業間の制度的妥協の転換は、その妥協を支える、さらに根底的な制度的妥協の危機と共進化している。

敗戦に際して、日本の指導層は国体の崩壊によってみずからの権力が失われることを恐れ、米国の軍事占領をむしろ積極的に受け入れた。そして、一九五二年のサンフランシスコ条約による主権の回復以降も、米国の軍隊の駐留を容認する。そのために、日米安全保障条約は司法権力によって日本国憲法や国内法の上位にある法律として位置づけられ、米軍基地の空間は日本の主権の及ばない治外法権の空間と化す。

そのような一方的な軍事的従属の見返りとして、日本の支配層は天皇制の護持による国体の存続を確保した。米国が天皇制の皇位継承権を承認する、その見返りとして日本は米国に冷戦体制下の東アジアの軍事体制の拠点としての基地を供与する。この日米間の制度的妥協が、戦後日本の経済成長を支えた労使間妥協および企業間妥協の根底で作動し、たがいに共進化したのである。高度成長は、このような国家間の制度的妥協の重層的構造に支えられて実現した。[9]

この国家間妥協の関係を日本の外交方針においてもっとも端的に表現しているのが、「吉田ドクトリン」である。戦後、冷戦体制がはじまると、米国は敗戦直後における日本の全面的な武装解除の方針を転換し、日本に防衛費の増額を迫った。しかし吉田茂首相は日本国憲法九条の戦争放棄条項を楯にして、この米国の要求を拒む。日本は防衛費を削減し、米国の核戦略の傘の下で、貿易や技術革新などの経済政策を軸に経済成長への道を突き進む。この「吉田ドクトリン」は、日米妥協の制度化が、高度成長をとおして日本社会に定着していく外交上の指針となった。[10]

日本におけるアメリカの軍事的な覇権は、高度成長の過程で日本の市民社会の深層に深く定着するようになる。それは日本人の集合的無意識として沈殿する。消費生活、あるいは文化のなかにアメリカがどっしりと根を下ろす。そして同時に、天皇制にもとづく国体の理念が集団的心性として深く浸透する。

しかし、冷戦体制が崩壊した一九九〇年代以降、戦後に定着したこの日米間の制度的妥協はしだいに動揺を始める。冷戦の終焉は、東アジアの安全保障戦略における米軍基地の意義を相対的に低下させ、そのために米国は、外国に駐留する基地の負担を重荷と感ずるようになる。他方、日本は米国に基地を提供することによって「下請け帝国主義」(酒井直樹［2015］)の地位を利用して軍事費を軽減し、経済成長に邁進してアジアにおける経済的な覇権を確立してきた。しかし、一九九〇年代以降、東アジア諸国の急成長によって、アジアに占める経済的な地位が低下したために、日本は日米間の妥協に依拠してアジアの覇権を維持することが困難となる。

こうして、戦後日本を根底で支えた日米間の制度的妥協は大きく揺らぐようになる。

このような国内外の変容に対して、日本政府は、一九九〇年代以降、「吉田ドクトリン」の外交方針を転換し、「日米軍事同盟」の強化を前面に出し、日本が米軍の軍事的肩代わりをする責任を主張して、自国の軍備強化政策を強力に打ち出すようになる。

すでに一九七八年に「日米防衛協力のための指針」で日米新ガイドラインが定められ、「朝鮮有事」の際に日本の周辺で武力衝突が起きたとき、自衛隊と米軍がどのように役割を分担するかが定められ、「日本が自衛のため適切な防衛力を保有」(『日本の防衛』一九七九年七月)するとして、日本の軍事的な役割が明示される。この方針の延長線上に、一九九九年には周辺事態法が制定され、日本にとって脅威となる事態が発生したときに、自衛隊の軍事行動を可能にする法案が通過した。二〇一五年には「切れ目のない、力強い、柔軟かつ実効的な日米共同の対応」(防衛省、二〇一五年四月二七日ホームページ)が謳われる。

さらに、経済成長を通して日本の国民生活のなかに無意識のうちに定着していた天皇制にもとづく国体の秩序は、バブル崩壊後の経済危機による格差・不平等・貧困の拡大とともに日本の社会の安定を支えきれなくなる。そのために、国体思想を意識化させ、明示化させる必要に迫られる。一九九九年には国旗国歌法が制定され、学校の式典で国旗の掲揚と君が代の斉唱が義務づけられる。女性天皇説、天皇の「生前退位」の議論も、無意識の国体秩序を支えてきた天皇制を国民に自覚させ、国民と天皇制の結びつきを国民に覚醒させようとする動きと言えよう。

このようにして、国家の軍事化と権威主義化の進展が、日本資本主義の経済成長を支えてきた労使間・企業間の制度的妥協の崩壊によって出現した新自由主義政策と共進化する。

3　市民社会の支配的な表象の転換

このような制度的妥協の経済的・政治的・軍事的な構造転換を媒介したのは、市民社会における支配的な社会表象の転換であった。

戦後に定着した市民社会の支配的な表象は、日本国憲法にもとづく人権・平和・民主主義の理念であった。この理念は、国民が日本の侵略戦争を被害の体験として表象し記憶する歴史認識に支えられ、したがって、日本が戦前の帝国国家の原理を清算して、戦前との歴史的断絶のうえに戦後社会を表象する歴史意識と不可分一体のものとしてうちたてられた。被爆・空襲・飢餓といった苦難をもたらした軍国主義・侵略戦争と決別し、平和憲法と民主主義の政治体制によって帝国日本の旧体制に終止符を打ち、日本が新しい歴史をスタートさせた、という歴史意識を日本国民のあいだに根づかせたのである。

さらに、戦後復興が経済成長へと引き継がれるなかで、戦後日本の歴史は、敗戦という壊滅的打撃を受けた日本がその被害からたくましく立ち直っていく過程として表象された[11]。

冷戦体制下でこの歴史意識に逆行する日本の再軍備、基地強化の反動が始まると、この反動が「平和国家」と経済成長の道を妨げるものと受けとめられ、それが反戦平和運動や反基地闘争の市民運動のエネルギー源となった。

経済成長の過程は、同時に戦後日本のナショナリズムを支える基盤にもなった。国民は経済成長による国力の増強とアジアにおける経済的覇権の構築をとおして、国民意識＝ナショナリズムを強化した。この表象は、戦前の日本が「富国強兵」とアジアの植民地化によってナショナリズムの意識を高揚させたのとは異なる平和的イメージをナショナリズムに付与することによって、同じように戦前と戦後との断絶の表象を強めた。

だが、敗戦を被害と受けとめる国民意識の背後には、日本の植民地統治と侵略戦争が、アジアの民衆に行使した重大な国家犯罪を暗黙のうちに容認し、その加害を被害の表象に転移させる無意識の転換が押し隠されていた。日米妥協における米国への軍事的従属という被害意識と天皇制にもとづく国体の護持がこの転移を強力に包み隠したのである。

つまり、平和憲法と経済成長によって敗戦の打撃から立ち直るという戦後史認識が、ナショナリズムという集合意識をはぐくむことをとおして、日本社会は戦前との断絶という歴史認識を強固なものとし、この戦前との断絶という歴史認識によって、日本はみずからが犯した過去の重大な国家犯罪を容認するという無意識を温存したのである。

だが、冷戦の崩壊と同時にはじまった日本の長期不況の過程で、この歴史認識に大きな転換が生ずる。

企業社会を支えた労使間妥協、企業間関係の動揺とともに労働者を企業につなぎとめる企業共同体の意識は後退し、不安定就労と過酷な労働条件のなかで労働者は孤立した個人に分断される。企業に依存した企業別労働組合は、そのような分断した労働者を結集する統合力を失う。企業は、グローバル市場の競争に参入して、国家と一体化した経済単位としての表象を脱ぎ捨てる。むしろ、企業は国家を手段として利用し、グローバル競争に勝ち抜く道を突き進む（国家の財政的基盤を揺るがす法人税の引き下げ、高等教育におけるグローバル人材育成や研究開発の企業による利用など）。一億総中産階級という所得の平準化を基盤にした国民意識も、所得格差の拡大とともに衰退する。国家と企業の福祉機能が後退するなかで、ひとびとは自己の能力だけを唯一の手がかりとして能力主義的な競争に邁進するよう強いられる。

このようにして、経済領域は、高度成長期のようにナショナリズムを牽引し、国民を統合するという力を喪失していく。このとき、経済成長に代わって国民統合力として浮上してくるのは、敗戦によって否認されていたはずの〈帝国日本の原理〉である。戦後日本が断ち切ったはずの〈帝国の原理〉が新しいナショナリズムの基盤として国民の意識に浮上する。そして、戦前との断絶という歴史意識のもとに押し隠されていた日本の国家犯罪の顕在化を阻止しようとする。

武藤一羊［2016］は、この戦後社会において後景に退いていた「帝国継承原理」が戦後日本の戦争責任を回避させ、この国家犯罪を自己免責するように作用したと言う。戦後国家は、「国家としての戦争責任――対外、対内の――回避」（同書五九頁）によって自国の国家が犯した侵略犯罪を「自己免責」しただけでなく、犯罪の事実そのものを否認したのである。そのために、日本の国家は、みずからが戦争犯罪人を裁くことも、犯罪者の氏名を公表することも、被害者に謝罪し、補償することも、回避してきた。つまり、「戦後日本国家の底部に帝国継承原理が自己免責コンセンサスの形で仕込まれてしまっ」（同書六二頁）たのである。[12]

敗戦を被害として受けとめ、経済成長によってその被害からの回復を図る、という戦後の歴史記憶の表象は、戦前の日本の植民地主義と侵略が行使したおびただしい国家犯罪を放置し、日本人が自己を加害者として歴史を見る眼を封じこめた。戦後日本にうちたてられた諸種の制度間の階層的構造が、このような日本の植民地支配責任と侵略責任を免責し封印してきた。労使間妥協、企業間妥協によって成り立つ経済構造、そしてその根底に存在する天皇制と米軍との制度的妥協がこの封印を保証した。[13]

だが、この制度的妥協の階層的構造に揺らぎが生じ、経済成長と一体化してはぐくまれてきた戦後ナショナリズムが衰退したとき、この階層的構造によって封印されてきた日本の国家犯罪の否認の次元が「帝国継承原理」とともに、市民社会の表舞台に浮上してくる。

この国家犯罪を否認し正当化する公然化した言説が、経済ナショナリズムに代わって、新しいナショナリズムとして登場してくる。このネオ・ナショナリズムの出現は、戦後という歴史認識の巨大な転換を随伴する。〈戦前の軍国主義・侵略戦争を反省し平和国家のもとで経済成長をなしとげた日本〉という戦後の歴史認識は、日本国憲法を「米国によって押しつけられた憲法」として否定し、極東裁判を否定し、「大東亜戦争」を肯定するという、戦前を継承する戦後認識（「戦後レジームの終焉」）にとって代わる。

こうして、戦後日本の市民社会における支配的な表象は、一九九〇年代の経済危機を契機として、経済成長と一体化したナショナリズムという社会表象から、ネオ・リベラルな市場社会、およびネオ・ナショナルな帝国日本の原理とを接合した社会表象へと変質していく(14)。

このような支配的な社会的表象の転換は、日本の市民社会において、日本の植民地主義と侵略戦争が犯した国家犯罪をめぐる激しいヘゲモニー闘争を引き起こす。

戦後の冷戦体制は、米国が日本を軍事的な拠点として極東の安全保障体制を堅持する体制のもとで、かつて日本が犯したアジアの諸地域に対する国家犯罪の糾明と告発を押し隠し、その責任追及を回避してきた。そのため、日本の国家犯罪の糾明は、一九六五年の日韓条約や一九七二年の日中国交回復においても、外交問題の課題から除外されてきた。日本政府は、自国がおこなった国家犯罪の問題を国交回復によって「結着済み」であるかのように主張するが、この問題ははじめから外交問題の課題から除外されていたのである。そもそも戦後の日本国家は、みずからの国家犯罪を国家の責任の問題として扱おうとする自覚すらなかった。国家のこのような自己免責は、戦後日本の社会において国家犯罪を否認する制度的妥協の構造に支えられていたのである(15)。

だが、冷戦の崩壊によってこの制度的妥協が揺らぐなかで、まず、戦時性奴隷、強制連行、住民虐殺による直接の被害者であるアジアの民衆が声を上げる。(16) そして、その動きに呼応して、国際社会が日本の国家犯罪を普遍的人権、人道主義の立場から告発するようになる。つまり、日本社会の重層的な制度的妥協の構造によって保護されていた日本の集合的無意識が、国境を越えた市民社会の言説の舞台で公式に審問に付されるようになる。

そのとき、日本の市民社会ではどのような反応が起きたのか。このアジア民衆や国際社会の告発や批判を受け止めて、国家の責任において国家犯罪を審理の遡上に載せると同時に、戦後日本を支えた制度的妥協の構造を問い直す、なによりも国体という侵略と植民地主義を支えた社会秩序を問い直そうとする、という動きはわき起こってこなかった。その逆に、戦後の制度的妥協の構造によって押し隠されてきた国家犯罪の実態を市民社会の言説によって正当化しようと図る動きが巻き起こった。つまり、グローバル市民社会の告発を、〈日本国家と日本民族をおとしめようとする「反日包囲網」〉という「国際的陰謀」と位置づけて、これに反撃しようとする動きが生じたのである。

4　市民社会における国家犯罪の否認の言説の出現

日本の市民社会における歴史認識をめぐる論争は、市民社会における社会表象、新自由主義の経済政策、国家の軍事化政策、などと共進化するとりわけ重要なモメントになる。一九九〇年代に、学校の歴史教科書、論壇、歴史研究などの多様な領域において、戦後確立された歴史の書き換えを要求する動きが高揚した。

歴史教科書から「侵略」「慰安婦」「強制連行」などの用語を削除するよう求め、戦時性暴力や強制労働や住民虐殺の事実はなかった、とする声が高まる。歴史教科書が戦争の加害責任を強調するのは「自虐的」であり、こどもの「肯定的自我意識」を育て「日本人としての誇り」を高める妨げとなる、というのがその理由である。

さらに、歴史博物館や平和記念館において、戦争における加害展示の撤去の要求が強まり、展示内容の改変がおこなわれる。『朝日新聞』（二〇一五年九月七日）によれば、全国八五の歴史資料館、平和博物館で戦地や植民地での日本軍の犯罪行為を展示している施設はわずか三割で、しかもこの展示はしだいに縮小傾向にあり、それらが「自虐的」「偏向的」という批判を受けている。(17)

「慰安婦」制度、戦時性暴力、強制労働、住民虐殺などについては、すでに歴史研究においても、公的な判断においても、歴史的事実として認定されている。

笠原十九司［2013］は、日本の市民社会において、南京大虐殺についての事実認定がすでになされている、と言う。一九八四年には、家永三郎教科書裁判支援のために南京事件調査委員会が歴史研究者、歴史教育者、ジャーナリスト、弁護士、市民らによって組織され、一九九〇年代前半には、日本軍による南京市民の虐殺の事実を記録する『南京事件資料集』が発行された。家永教科書訴訟では、南京事件の事実認定もおこなわれた。日本政府は外務省のホームページで、南京虐殺が存在したことを公式見解としても認めている。また日中両国政府の協同研究も進められ、その成果は二〇一〇年に『日中歴史協同研究』として刊行され、南京事件の歴史的事実が司法判決においても、政府の公式見解においても、歴史研究においても、外交関係においても、いずれももはや疑いのないものとして確認された。

それにもかかわらず、日本国家が犯した侵略犯罪の実態は、あいかわらず闇に葬られ続けている。南京大虐殺の背後に、アジア各地、日本国内で犯された膨大な住民虐殺、性暴力、略奪、暴行、破壊の事実が未解明のままに放置されている。国家犯罪の実態は、そのほとんどが明らかにされていないのである(18)。

それはなぜなのか。その最大の原因は、日本政府が国家犯罪の歴史的責任をみずからの国家の責任として自覚せず免責していることである。しかし同時に、日本政府の免責が、市民社会における犯罪の事実の否認という支配的な表象によって支えられているためである。

事実の解明を妨げているのは、事実そのものを否認する言説である。この国では、南京大虐殺を否定する言説が依然として市民社会において流布され、その言説が歴史認識に影響し、歴史教科書の記述や学校教育に圧力として作用している。

日本の国家犯罪の問題は、事実認識の問題であると同時に、その事実にどう向き合うかという問題である。そして、この事実との向き合い方には政治が作用している。自己が他者とどう向き合うのか、自己が自己の過去・現在・未来とどう向き合うのかという問題が、総過程的媒介としての政治において重要なモメントを構成している。

テッサ・モーリス＝スズキ［2016］は、当時生きていなかった日本人が過去の戦争に対して責任を負う必要はない、という主張に対して、つぎのように問いかける。自分は過去の残虐な犯罪に直接かかわっていないが、過去の犯罪がもたらした結果の世界に暮らしており、その世界から利益を得て生きている、そしてその世界が、過去の犯罪を隠蔽したりその犯罪を不正義なものとして告発するのではなく、その逆に過去の犯罪を知らないふりをしたり、その犠牲者に謝罪も補償もしない世界であるとしたら、そのような世界に生きているという意味において自分は歴史的責任を負っている、と。テッサ・モーリス＝スズキはそのような責任を「過去との連累」あるいは法律的な「事後共犯」（同書七三―五頁）と呼ぶ。

日本の市民社会において衰退したのは、このような「過去との連累」という社会表象である。それに代わって支配的な表象として立ち現れてきたのは、この「過去との連累」を断ちきり、それを見えなくさせることによって、過去の犯罪の事実を公然と否認しかつ正当化する表象である。むしろ、「過去との連累」を自覚することを「自虐的」だとして断罪する社会意識が高揚している。(19)

「過去との連累」の社会意識を戦後社会の制度的妥協の構造によって暗黙のうちに封じこめてきた日本社会が、国家犯罪の事実とその告発を断ち切れなくなったとき、国家犯罪の否認を正当化するための言説としてもちださんとしたのが、次節で見るような「歴史戦」であった。

5　グローバル市民社会と「歴史戦」

日本の右派の論壇は、「慰安婦」制度の強制性を否定し、南京大虐殺をなかったとする主張を「歴史戦」と呼ぶ。

なぜ「歴史戦」なのか。それは、この歴史認識をめぐる論争が国際的次元で浮上してきたことと密接に関連している。

戦後日本の社会が暗黙のうちに容認してきた国家犯罪の否認が、一九九〇年代以降、国境を越えた批判的な動きとなって告発されるようになる。ウィーンにおける国連世界人権会議における戦時下性暴力についての公聴会の開催（一九九三年）、国際女性差別撤廃委員会による「慰安婦」問題に対する日本政府への対応の要求（一九九四年）、国際法律家協会による「慰安婦」問題についての日本政府の法的責任の指摘（一九九四年）、世界女性会議による「慰安婦」問題の討議と犯罪者の処罰・被害者の補償を求める行動綱領の採択（一九九五年）、米司法省による旧日本軍の七三一部隊および「従軍慰安婦」関係者の米国への入国禁止措置、アメリカにおける日本の七三一部隊の残虐行為に関するシンポジウムの開催、といった動きがそれである。[20]

その動きとともに、『産経新聞』、『読売新聞』、『正論』、『諸君』など右派の論壇で「情報戦」「歴史戦」という言葉が頻出するようになる。つまり「歴史戦」とは、日本の重大な国家犯罪の事実を明らかにしその責任を問う国内外の動きに対して、それを「日本国家と日本民族をおとしめようとする陰謀」として反撃する論争のことである。右派の論壇は、国家犯罪の事実の承認と謝罪・賠償を求める国内外の動きを封じこめ、これを「反日包囲網による陰謀」として言説化する。そしてこの言説を基盤にして、アジアの近隣諸国の「領土侵犯の脅威」や「軍事的脅威」を煽ることによって、日米軍事同盟の強化を図る。

この「歴史戦」の出現には、主権国家を超えた次元でグローバル市民社会が進展するというトランスナショナルな共進化のコンテクストが絡んでいる。つまり、主権国家の枠内に封印されてきた人権・市民権の理念が主権国家の枠を超えたトランスナショナルな次元の理念として浮上してきたことと密接に関連している。

とりわけ、冷戦の崩壊は、グローバル市民社会という主権国家を超えた複合的権力構造（EUなどの国際地域組織、国連、IMF、世銀などの国際機関、グローバル企業、国際NGO、国際労働運動組織、アジア、アフリカ、ラテンアメリカの先住民の運動など）の出現の重要な契機となった。

冷戦の崩壊は、通常は、市場の自由競争の進展や情報技術の革新にともなう情報化の進展がもたらしたものととらえられ、冷戦崩壊後も、グローバルな市場競争が本格化するという動きだけが注目される。

だが、この新自由主義の進展は、グローバル市民社会という国家主権を超える複合的権力の世界の出現（ネグリ／ハート［2000］はこれを「帝国」と呼ぶ）のなかで生じたものであり、新自由主義的グローバリゼーションは、グローバル市民社会がはらむ複数のベクトルのうちの「ネオリベラル」というひとつの方向にすぎない。

なによりも、ソ連邦をはじめとする社会主義体制を崩壊させたのは、このグローバル市民社会の動態であった。(21) M・カルドー［2003］は、冷戦の崩壊が、ソ連・東欧における反官僚主義の市民運動と、西側の反核運動が結合することによってもたらされたものだ、と指摘する。冷戦時代の世界では、東側の官僚制による人権侵害が西側による核攻撃の脅威によって正当化され、西側の核保有が東側の「全体主義」の脅威によって正当化された。この東西両体制における主権国家に拘束されたこのような社会表象（カルドーはこれを「想像上の戦争」（邦訳一〇三頁）と呼ぶ）が、強固な「鉄のカーテン」を支えたのである。

だが、一九八〇年代に、東側の民衆の反官僚主義と民主主義を求める運動が、西側の反核平和運動と合流することによって、冷戦体制下で容認されていた核の保有にもとづく戦争システムと東側の人権の抑圧をともに解体する胎動が始まる。つまり、主権国家を超えたトランスナショナルな次元で、人権抑圧の官僚主義と核武装による軍事力を容認しない人権と反核の理念が結合し、グローバルな価値規範として根づくようになる。カルドーは、東側と西側の民衆のこのような歴史的対話が冷戦を解体したとして、その対話のうちにグローバル市民社会の出現を見てとる。

そして、カルドーがとらえた、この主権国家を超えた次元における人権・平和・民主主義のトランスナショナルな価値理念の出現が、日本の国家犯罪を告発する力となって、一九九〇年代に作用するようになる。

太田昌国［2015］は、トランスナショナルな価値規範に則した各種の国際的決議は、「私たちの社会に対する精神的な〈贈与〉」であり、「問題解決のための、同志的な助言であり忠告」（同書五二頁）だ、と言う。もしも、このトランスナショナルな価値規範の出現を、日本の市民社会がそのようなグローバル市民社会からの「贈与」あるいは「助言」だ、として受け止めていたならば、日本の市民社会は、日本政府に対して国家犯罪の事実究明を求め、犯罪の責任者を処罰し、被害者に謝罪と補償を求める動きを強めたはずである。[22]

だが、日本の市民社会でヘゲモニーを掌握したのは、それとは正反対の動きであった。右派の論壇は、この国際的決議を「日本を犯罪国家におとしめるための国際的陰謀」へとすりかえる。日本の国家犯罪を告発する正義が日本の国体を脅かす不正義へと変換させられるのである。

右派の論壇にとって、諸種の国際的決議は、主権国家を超える人権・市民権からの忠告ではなく、米中韓という三つの「主権国家が画策する国際的陰謀」としか映らない。歴史認識をめぐる論争は、「外交戦争」であり、「国家間紛争の代理戦争」のようなものとして受け止められるのだ。[23]

「歴史戦」を唱える市民集団の歴史認識は、国民国家を唯一の主権とするヴェストファーレン条約（一六四八年）以来続いた主権国家の時代が終わり、複合的な主権が国家を超えて湧出するグローバル市民社会の時代をふたたびヴェストファーレン時代における主権国家の枠組みに押し戻そうとする試みだと言ってもよい。[24]

日本に対する国際的な決議や勧告を「情報戦」、「歴史戦」と語ることによって、グローバル市民社会における言説のヘゲモニー闘争は、国家間の外交問題の枠組みに引き戻される。この「情報戦」、

「歴史戦」というヘゲモニーは、グローバルな市場競争とは異なる主権のトランスナショナルな展開へと至るヘゲモニーを遮断し、ひとびとの思考をグローバル市場と主権国家の回路へと封じこめることになる。

つまり、「慰安婦」問題あるいは南京大虐殺のような日本の国家犯罪を否認するという歴史認識を国内・国外において浸透させせようとする「歴史戦」のヘゲモニーは、新自由主義のグローバル経済の推進と国家による国民の管理、および国家の軍事化の強化と共進化しつつ、資本主義を組織する日本の市民社会における総過程的媒介としての政治において、きわめて重要な機能を果たしていることがわかる。

冷戦の崩壊のうちに多元的なグローバル市民社会の出現をみるのではなく、情報化と市場のグローバル化現象だけをみる市場原理主義の表象（ネオ・リベラルな市民社会像）と、排外主義的ナショナリズムおよび国家主義の表象（カルドーが「ポストモダン的」と呼んだ市民社会像）とがここでは共進化しているのである。

だが、このような「歴史戦」のヘゲモニーは、グローバル市民社会においては、主権国家が犯した犯罪に対する歴史的責任を問うトランスナショナルな連帯の運動に対する国家主義的反動を意味する。「歴史戦」とは、グローバル市民社会においてかつての植民地主義、あるいは侵略戦争の歴史的責任を告発するトランスナショナルな言説を封じこめて、この言説を国家間の外交関係へと意味転換し、日本の市民社会を、帝国を原理とする社会秩序へと引き戻そうとするヘゲモニーの行使である。

6　「歴史戦」のヘゲモニー装置としての日本会議

この「歴史戦」を担うヘゲモニー装置として、日本会議の存在が際立ってきている。日本会議は、天皇を軸とする国家体制を是とし皇室を精神的な支柱とする社会の復活を目ざし、この理念のもとに多様な社会集団の結集を図る市民組織である。神社本庁をはじめとする宗教法人、新興宗教団体、学者・文化人、財界の経営者、青年組織、国会議員がそこに結集する。(25)

日本会議の運動の起点は、かつて国家神道を担った諸団体が宗教法人として再結集を図り、宗教を柱とする国家建設の運動を市民社会の内部から開始したことにある。国家神道は、敗戦後に占領軍によって交付された「神道指令」（一九四五年一二月一五日）によって廃止された。この国家神道の廃止に対抗して、「神道指令」以前に国家の保護・管理下にあった大日本神祇会、皇典講究所、神宮奉斎会の三団体は、合同で神社本庁という民間の宗教法人を立ち上げ、神社本庁は全国の七八〇〇〇の神社を統括するネットワーク組織となる。この神社本庁を中核とする新旧の宗教集団が結集して、一九七四年に「日本を守る会」を結成する。この会は、「混迷する社会状況に対処し、日本の伝統精神の原点に立ち返って、愛国心を高揚し、倫理国家の大成を図る」（山崎雅弘［2016］六六頁）ことを目的として、市民社会の内部から愛国心の発揚と日本精神の確立を理念に掲げ、文化運動・思想運動の市民組織として出発した。

さらに、一九八一年には保守系の文化人、財界人を中心に「日本を守る国民会議」が結成される。この市民組織は、その当初から日本国憲法の改定という政治的目標を掲げて出発する。

これらの市民組織は草の根の運動を重視し、地方議会の請願運動など、民主主義的な手続きを駆使して、その力を徐々に培ってきた。たとえば「国会に憲法改正を求める意見書」、「小笠原諸島での中国漁船への取り締まりを求める意見書」、「外国人地方参政権付与法案提出に慎重な対応を求める意見書」などを市町村議会に提出し、これらの意見書を通して、地域社会の課題に取り組むのではなく、地方における改憲、国境紛争、外国人排除など排外主義的ナショナリズムの世論を喚起する地道な活動を展開する（菅野完［2016］を参照）。

そして、一九九七年に「日本を守る会」と「日本を守る国民会議」が合同して、日本会議が結成される。

日本会議は、国民の主権にもとづく民主主義を否定し、「天皇中心の国体を守る」（山崎雅弘［2016］九九頁）社会をつくろうとする。この目標を実現するために、日本会議が掲げる課題は、「憲法同様GHQによって実質的に押しつけられた法律」である教育基本法（同書、一四二頁）を解体し、「教育勅語」を復活させる。「肯定的自我を形成できる歴史教育」（同書、一四九頁）を重視し、日本軍がおこなった虐殺や虐待や性暴力を教科書から削除する。夫婦中心ではなく家長を中心とし国家の基盤となる家族を重視する。したがって、そのような家族の解体につながる夫婦別姓に対しては強固に反対する。さらに、「大東亜戦争の賛美」、「侵略戦争の否認」、「東京裁判の否定」など、「対外戦争の正当化」を図る（同書、一六頁）。

そして、その集大成として日本国憲法を「押しつけ憲法」として否定し、天皇を元首とし国防軍を保持する憲法を制定する。

つまり、日本会議を支える歴史認識は、「戦前」との断絶の上に民主主義と平和の理念によって定着した「戦後」的価値を覆し、「戦前」の天皇制国家の体制を原理として、民主主義と平和の理念に支えられた「戦後レジーム」から抜け出そうという歴史意識に立脚する。

だが、すでに述べたように、「戦後レジームからの脱却」というこの歴史意識は、戦後の被害からの復興という「戦後」の歴史意識が包み隠してきた「敗戦の否認」、「国家犯罪の否認」という、日米妥協の制度によって支えられた社会的無意識を公然たる言説として表明するものであった。

そしてこの社会的無意識を言説化する契機となったのが、グローバル市民社会という国家を超える政治の出現である。つまり、日本会議が掲げる天皇制国家の原理は、戦前のたんなる復活ではなく、国家を超える政治というトランスナショナルな地平の出現に対する反作用としてたちあらわれている。その意味で、日本会議のような市民団体の出現は、主権国家を超えた地平でグローバルな社会秩序の組織化をめぐるヘゲモニー闘争が展開される時代における、ひとつのベクトル（カルドーが言う「ポストモダン的な社会像」）を示している。主権国家によって独占的に組織されていた国際秩序がグローバル・ガヴァナンスという政治の地平の出現によって動揺するなかで、主権国家の基盤を再強化しようとする反応として、国民的アイデンティティをうち固め、そのアイデンティティを国家神道という宗教によって再補強しようとする「ポストモダン」の社会表象がたちあらわれるのである。

この社会表象は、ネオ・リベラルな社会表象と接合し共進化する。グローバル企業の市場競争を強化しつつ、そのような市場競争が脅かす主権国家の秩序のゆらぎを宗教的原理主義によって補強しようとする。

このような立憲主義の原則を放棄し、国体を復活させる言説を理念とする市民団体が今日の日本の政権を支え、市民社会の世論形成の主導権を握る状況がつくりだされている。日本会議は三八〇〇〇人の会員を擁し、国会議員の四二%を占める三〇〇名近くの国会議員が会員として名を連ねる(山崎雅弘［2016］、二七頁)。

四　市民社会の共進化と「大東亜戦争」——松浦正孝『「大東亜戦争」はなぜ起きたのか』で読む

1　「大正デモクラシー」——日本における近代市民社会の成立

この共進化する市民社会という視座から、日本が破局へと向かった一九三〇年代の歴史をふりかえってみたい。

一九三〇年代の歴史を先導したのは軍部と経済勢力であったことから、歴史研究は、軍部、政党、植民地統治、財閥などに主として焦点を当てておこなわれてきた。だが、それに対して、侵略戦争を担った国民大衆の社会意識がどのようにかたちづくられたのか、についての究明はなおざりにされた[26]。

近代日本は、伝統的な身分組織を解体し、そこに拘束されていたひとびとの欲望を解き放ち、ひとびとを流動化し、その欲望を帝国日本の膨張のエネルギー源として動員してきた。このエネルギーは、都市の大衆文化を創造し、それが国家に対する抵抗の可能性をはらむと同時に、帝国国家の生産力として総力戦を担う主体を生産する源泉にもなる。

近代日本に国民大衆が出現する発端となったのは、「大正デモクラシー」と呼ばれる運動である。この民衆の欲望のエネルギーの両義性に着目して「大正デモクラシー」をとらえようとする研究が近年進展している。

たとえば、子安宣邦［2016］は、一九三〇年代の全体主義が「大正デモクラシー」においてすでに準備されていたことを強調する。子安によれば、「大正デモクラシー」は、日露戦争勝利の際の日比谷焼き討ち事件という大規模な「民衆騒擾」（一九〇五年）と「大逆事件」（一九一〇年）を契機として始まり、関東大震災の朝鮮人・中国人大虐殺（一九二三年）、そして「満洲事変」（一九三一年）の全体主義的変容によって終わる。日比谷焼き討ち事件は、都市の雑業層の民衆と中小店主・工場主らの旦那衆が一九〇五年のポーツマス条約に不満を持って、首都東京の交番などを焼き討ちした「民衆騒擾」であり、この騒擾を通して都市民衆の欲望が活性化され、「時局への抗議を強力に、集団的に表現していく大衆」（子安宣邦［2016］、一七頁）が出現した。この政府を批判する大衆の意識のなかに、すでに排外主義的要素がはらまれ、「膨張主義的な国権の要求」（成田龍一［2007］一〇頁）がふくみこまれていたのである。

都市の流動化する民衆は日露戦争へと動員され、さらにその「戦果」に対する不満を暴力的に表明する行動をとおして、みずからを国民＝帝国臣民として組織していく。だがこの国民＝帝国臣民としての組織化は、先近代の身分制秩序に拘束された欲望が解き放たれ、流動化するなかで、その欲望を回路化する市民社会という装置によって可能となった。子安はこの「騒擾する大衆」の社会を「大衆社会」と呼ぶ。そして、「大正」期に成立した大衆的熱狂のこの社会が「昭和」期の全体主義のエネルギー源になったことを力説する。

成田龍一［2007］は、大日本帝国の帝国主義的膨張と大衆社会が生み出したデモクラシーが二〇世紀初頭に共進化したことに着目する。デモクラシーは、藩政や圧政に対する批判をふくみこみながら、主権国家の膨張を求める国民のエネルギーとなって発現する。その意味で、「二〇世紀初頭の日本のデモクラシーは、日露戦争の熱狂性を背景に持ち、「帝国」の構造に規定されたナショナリズムと結合して現れてきている」のであり、これは「「帝国」のデモクラシー」（成田龍一［2007］一〇頁）と呼ぶべきものである。

子安宣邦は過去を語っているのではない。竹島、尖閣列島問題をめぐって国境問題への熱狂的なエネルギーが生み出され、このエネルギーを土壌として集団自衛権の法制化や合憲解釈が進むこの二一世紀の日本社会を見据える問題視座から「大正デモクラシー」をふりかえるのである。

本論では、子安宣邦が読みこんだ、欲望する大衆が言説を媒介にして結集し反乱するエネルギーを創出する「大正デモクラシー」を、日本における市民社会の出現としてとらえたい。日比谷焼き討ち事件に続いて、一九一八（大正七）年七月二三日に、富山県魚津市の漁民の妻女たちの蜂起を契機として、全国で米商人への襲撃、高騰する米価の値下げへの抗議行動が展開された。参加者七〇万人という近代日本史上最大の社会運動が繰り広げられた。子安はそこに、「騒擾する大衆」の出現とその大衆が関与する本格的な政治の誕生を読み取る。

「大正デモクラシー」という時代の出現は、「生存条件にかかわる局面ではいつでも騒擾主体となるような不特定の社会的集合体『大衆』の成立によるのではないか。この「大衆」の存立から社会問題がうまれ、政治が問われ、政治的遂行とその形態の変容が促されていくのではないか」（同書一八頁）。

子安は、この大衆的熱狂が政治的自由の実現へと向かわずに、政治的自由を圧殺し、天皇崇拝の国家神道という日本精神に回収され、さらにこの日本精神を柱とした「大東亜共栄圏」の構築へと結びついて「大東亜戦争」が現実化した、ととらえる。このように考えると、一九三〇年代における全体主義と「大東亜戦争」は、大衆の欲望を言説化し回路づける市民社会のヘゲモニーという視点からあらためて再考する必要があることがわかる。(27)

2 「汎アジア主義」と「大亜細亜協会」

「大東亜戦争」の正統性を確立し、日本の民衆が自発的に「大東亜戦争」へとみずからを追いこんでいくうえで中核となった言説は、「汎アジア主義」である。アジア主義という思想は、日本だけでなく、アジアの他地域でも欧米諸列強からのアジアの解放の理念として唱えられ、多様な意味合いが込められていた。だが、「大東亜戦争」に民衆を総動員する言説となった「汎アジア主義」は特殊な人的ネットワークと特殊な団体によって担われ、「八紘一宇」という天皇制の家族原理をイデオロギーとして組織された。

松浦正孝［2010］は、「大東亜戦争」が生起した重要な要因として「汎アジア主義」の言説をとりあげ、アジア主義の思想的な内実の検討よりも、この言説がもたらした政治経済史的な作用を検討しようとする。本論の問題視座から言い換えると、ひとつの言説がひとびとの感情や思考をかき立て、それが経済活動、政治的行動、さまざまな集団の組織化、軍事戦略、科学者や知識人の思考、そしてなによりも民衆の欲望に作用し、その共進化がもたらした帰結として「大東亜戦争」をとらえかえそうとする。本論では、松浦が取り組んだ「汎アジア主義」というイデオロギーの政治経済史的な考察を〈総過程的媒介としての政治〉という市民社会論の視点から再定位することによって、一九三〇年代の侵略戦争が市民社会の共進化がもたらした帰結であることを再考してみたい。

「大東亜戦争」という命名は、日米戦争の開始（一九四一年一二月八日）直後の御前会議で決定され、一九三七年の「盧溝橋事件」にさかのぼってその名称が付与された（松浦正孝［2010］一頁）。つまり「大東亜戦争」という名称は、日本のアジア侵略、および日本が欧米帝国主義に対抗しつつ、自国のアジア植民地の支配を正当化するために事後的にもちだされた言説なのである。この命名によって、この戦争が日本の侵略戦争ではなく、アジア全域を欧米諸列強の植民地支配から「防衛する」ための「自衛の戦争」であり「解放の戦争」であるという意味が付与された。帝国日本は、このような世界戦争に入ることによって、アジアにおける自国の植民地支配を確保し、侵略地を自国の「生命線」と位置づけて、それを「死守」しようと図った。

だが、「大東亜戦争」に着手するためには、そのような戦争に向けて自己の正当性を掲げ、国民の合意を獲得し、自国の国民だけでなく植民地の民衆をふくめてその戦争体制に全面的に動員する総力戦体制を築き上げげなければならなかった。そのような総力戦を推進するための言説が「汎アジア主義」である(28)。

「大東亜戦争」が「汎アジア主義」の言説と「大亜細亜協会」という市民団体のヘゲモニー闘争をとおしてどのように引き起こされていったのか、その過程を松浦正孝の研究［2010］に拠りつつ、たどってみたい。

「汎アジア主義」の言説を理念に掲げた「大亜細亜協会」が組織されたのは、一九三一年の「満洲事変」、翌一九三二年の「満洲国」の建設に対して国際連盟が不承認決議をして一九三三年に日本が国際連盟を脱退する最中であった。のちに大亜細亜協会の会長に就任する松井石根は、国際連盟による「満洲国」の不承認を、国際連盟によるアジアの無理解、認識不足のゆえ、と受け止める。

そして、アジアの問題をアジア諸国がみずから解決するためには、アジアの諸国が連合して、「国際連盟内の英連邦や仏帝国諸国のように、あるいは連盟外の米国グループや共産主義陣営のように、亜細亜連盟を作るしかない」（松浦正孝［2010］五三九頁）という思いを強くする。

国際連盟から日本に帰った松井石根は、一九三三年にまず「汎亜細亜学会」に入会する。「汎亜細亜学会」は、一九三二年春に「学者・評論家らが「満洲国」建国後のアジア問題を、アジア大陸全体の問題や遠く中東問題まで含めて、満洲事変問題より広い文脈で検討するために作った組織である」（同書五四六頁）。

アジア主義の運動は、日本と「支那」の「東亜運動」、インド、ペルシャ、アフガニスタン、メソポタミアなどの解放を求める独立運動として当時高揚していたが、日本はこの「汎アジア主義」の運動を、欧米帝国主義に抗して、帝国日本が「満洲国」建設を基盤としたアジア圏の統治を強化するための運動へと回収しようとする。松井たちは、この「汎亜細亜学会」を母体として、翌一九三三年三月一日に「大亜細亜協会」を設立する（同書五五一頁）。

松浦は「大亜細亜協会」の特徴をつぎのように整理している。

第一に、「大亜細亜協会」は、「陸軍・海軍・外務省を横断して」、軍人・政治家が「汎アジア主義の理念を共有する若手を中心に組織された団体であった」（同書五五四頁）。

第二に、「大亜細亜協会」は「アジアの文化運動、精神運動に目標を置き官民合同の与論機関」（同書五五五頁、下中彌三郎からの引用）として組織された。つまりこの組織は、政治運動ではなく、「文化思想運動」(同頁)として出発した。

第三に、「大亜細亜協会」は軍部や政府の内部対立から距離を置いた民間組織として結成された。つまり、「大亜細亜協会は松井の下で、政府や軍部から離れた民間の、しかも政治的色彩を持たない多様な身分・所属の人々が結びつくネットワークとして、また、政治運動ではなく思想・文化の運動をする団体として、形作られたのである」(同書五五七頁)。

このような思想的・文化的な市民団体がアジア主義の言説を掲げて、「大正デモクラシー」運動とともに出現した大衆の熱狂的エネルギーを広範に集約する政治運動としての力を発揮していく。「大亜細亜協会」は、アジア各地で欧米諸列強の植民地支配にあえぐ民衆によるアジア解放闘争の理念であったアジア主義を、天皇制にもとづく「八紘一宇」の理念へと変換する(入れ子する)ことによって、その理念を簒奪し、帝国日本によるアジアの植民地支配と欧米諸列強に対抗する帝国主義戦争を正当化する理念へと回収していったのである。支配と抑圧を「解放」と言いくるめるこのレトリックが、民衆のエネルギーを「大東亜戦争」へと動員していく強力な駆動力となる。

3　中国侵略戦争から「大東亜戦争」への転換における「大亜細亜協会」の役割

この「大亜細亜協会」が、やがて日本の中国侵略戦争を「汎アジア主義」にもとづく「大東亜戦争」へと転換するうえで重要な役割を果たすことになる。松浦は「第12章　日中戦争の膠着と大亜細亜主義運動の高揚」で、この過程を克明に描写する。

「大東亜戦争」は、日本の市民社会における「汎アジア主義」という言説を媒介とした、多様な諸集団の人的ネットワークが創出した運動をとおして出現する。軍部、政府、財界、知識人、民衆は、この運動を介して分節＝連節し、「大東亜戦争」という世界戦争を生産したのである。

「汎アジア主義」の言説は、「満洲国」の建設と中国侵略戦争が膠着状態に陥り、中国との解決が不可能な事態に直面したときに、その脱出の回路を「南進」に向けて方向づける指針を提供する。松井石根は「満洲国」を維持しつつ「日支の提携」を図るためには、「真に亜細亜の復興」および「日中両国の提携」（同書五六四頁）が必要だ、と主張する。

つまり、松井石根のねらいは、「汎アジア主義」の言説によって、「満洲・華北から南洋・東南アジアへと対中政策の重点を移動」させ、「日中関係打開の障害となっている満洲問題を棚上げし、日中関係からアジア全体へと枠組みを拡大する」（同書五六五頁）ことであった。

「汎アジア主義」の言説は、このような戦争の意味転換における決定的な変換肢となった。軍部だけでなく、財界・知識人・政治家・ジャーナリズム、そして民衆の広範な社会層のなかにこの言説を浸透させ、この言説をとおして戦争の意味転換についての合意形成を図る。このことを抜きにして「大東亜戦争」はありえなかった。

松井石根の構想は、「日中経済提携を中心とした東亜新秩序を形成し、東南アジア・インド、さらには中東・アフリカにまで及ぶ経済を基盤としたアジア連合を結成し、アングロサクソン連合、ヨーロッパ連合、ソビエト連合などと並んで世界政治経済の単位」（同書五六六頁）にしようとすることであった。

つまり日本は、中国への侵略戦争をアングロサクソン、ヨーロッパ、ソヴィエトに対抗する「アジア連合」の構築へと意味転換し、「アジアの解放」のための「日中提携」というレトリックによって、行き詰まった侵略戦争を打開しようとしたのである。

この構想が、やがて一九四〇年八月一日に第二次近衛内閣の松岡外相により「大東亜共栄圏」という国策としてとりいれられることになる。

この「汎アジア主義」の言説を媒介にした人的ネットワークの形成は、「内地」だけでなく、植民地、占領地にまで及ぶ。というよりも、松井石根はまず植民地における「大亜細亜協会」の設立に奔走した（同書五六八―五八一頁）。

一九三一年八月に台湾軍司令官に任命された松井石根は、台湾における「大亜細亜協会」台湾支部を結成し、台湾における「汎アジア主義」の振興に努めた。一九三五年一〇―一一月には、「満洲国」、華中、華北の視察旅行をおこない、「大亜細亜主義」の運動を推進する。さらに、一九三六年二―三月に、華中、華南に旅行して、「大亜細亜協会」の結成と「汎アジア主義」の宣伝工作を図る。こうして、一九三四―三六年にかけて、台湾、朝鮮、「満洲国」、中国、そしてフィリピンといった植民地、占領地で「大亜細亜協会」の支部が結成される。続いて、国内でも、福岡、金沢、京都、名古屋、熊本、大阪、神戸、飛騨などに各支部が結成され、松井は、国内各地で講演会を開催して、「汎アジア主義」の普及宣伝に奔走する（同書五八一頁）。

松浦正孝は、「大亜細亜協会」が「汎アジア主義」という言説を理念に掲げ、この言説を介して、職業、階級、階層、宗教、国籍の異なる多様な集団と個人をネットワークに組織した運動であることに着目する。このネットワークが「内地」だけでなく、アジア各地にまで波及する。国内では、陸軍・海軍・外務省・学者・実業家・報道関係・医師などのさまざまな集団に所属するメンバーがその会員となる。軍人は、この協会をとおして「南進」を基軸とする軍事戦略の方向を明確にし、学者・ジャーナリスト・新聞社は、この協会をとおして天皇を統帥とする日本が盟主となった「大東亜共栄圏」構想を国内外に普及・浸透を図り、実業界は、この協会をとおして「アジアにおける英国との輸出競争に従事してきた繊維産業・雑貨産業や、貿易業者」(同書七一九頁)を中心に財界の利益を追求した。多様な社会の諸集団が、「汎アジア主義」という言説のもとに、みずからの行動の進路を定め、その行動の正当化を図り、みずからの利益の拡大を追求したのである。

4 「大亜細亜協会」のヘゲモニーによる国民的反英運動の高揚

松浦は、さらにこの大亜細亜協会が日中戦争の膠着状態を打開して、日本を「大東亜戦争」へと導くうえで果たした具体的な契機として、一九三九年夏の国民運動を頂点にする「大亜細亜協会」のヘゲモニーの行使に注目する。

一九三九年四月九日に、天津で海関(清朝が海港に設けた税関)の監督が射殺され、その犯人が英国の租界に逃げこんだため、日本軍はその犯人の引き渡しを求め、六月一四日に英仏の租界の封鎖を始める。

この租界封鎖事件を契機として、一九三九年夏に軍部の措置を支持し、英国を非難する反英大衆運動が爆発する。松浦は、『特高月報』の資料が、この年の七―八月の全国各地で行われた国民的規模の運動について「日本の近代史上においてもおそらく他に例をみない」（同書七四六頁、歴史家永井和からの引用）ものであった、という評価に着目する。

反英・「汎アジア主義」の国民的運動は、まず海外の植民地及び軍事占領地で始まった（同書七四九―六二二頁）。植民地朝鮮の主要都市では、一九三九年六月より「国民排英大会」が開催され、総督府による新聞社を利用した官製の運動がもりあがる。(29) ついで、植民地台湾の各地で、六月後半より七月にかけて「大亜細亜協会」が主導して「反英市民大会」が開催される。さらに、中国の華北各地で、そして「満洲国」で、市民大会が開催される。

この植民地および軍事占領地における反英・「汎アジア主義」の運動が、日本「内地」の国民運動に火をつける。

七月になると、英国打倒を求める「内地」の運動が、要請書・声明書・国民大会・市民大会・時局批判演説会などによる一大国民運動として展開される。この運動に、軍人、商工会議所・商工会・工業会などの財界、新聞社、学者、府県町村会などの地方自治体、労働運動、農民運動、アジア人など社会各階層と多様な社会集団が関与し、「汎アジア主義」という言説のもとに国民が結集し、この運動をとおして総力戦体制が現実化していく。新聞各社は反英大会に積極的に関与し、反英熱を煽る報道を連日おこなった。この報道を通じて、「汎アジア主義」のイデオロギーはひとびとの間に急速に浸透していった。

「大亜細亜協会」の松井石根は、各地で時局講演会を開催し、この反英運動の高揚において重要な役割を果たした。

松浦は、在日華僑をはじめとする日本国内の在日アジア人が、植民地、占領地の各地における「汎アジア主義」にもとづく反英運動と日本国内の排英運動を反響させる上で重要な役割を果たしたことに注目する。

「アジア人」の内地における活動は、内地における日本人の排英運動を高揚させ、それがまた、植民地や占領地、アジア各地へと、汎アジア主義を反響させ共鳴を増幅させていく役割をも担っていた。（同書七六五頁）

この一大国民運動をとおして、当時日本にも根強かった親英派を圧倒して反英運動が高揚し、「日中戦争」は「日英戦争」へと舵を切る。

この転換において、「大亜細亜協会」が果たした役割は大きい。思想文化運動として「汎アジア主義」の言説の日本社会への浸透に重要な役割を果たした「大亜細亜協会」は、この反英運動の高揚を契機として思想文化団体から政治団体へと変質する。(30)

松浦はこのようにして、反英運動の発生のメカニズムを国家の指令という統一的な意思によって引き起こされたものとしてではなく、「大亜細亜協会」の思想文化運動が生み出した「汎アジア主義」のイデオロギー的ネットワークが警察・陸軍司令部・在郷軍人会・地方行政機関・地方議会などの公式の組織の回路を「私的に利用して流された指示を受けて」（同書七九〇頁）組織され引き起こされたもの、ととらえる。

「大東亜戦争」は、市民社会に作動する「汎アジア主義」という言説を媒介にした社会諸集団の接合の運動が過程的媒介をなして、国家の集合的意思を形成し、総力戦体制を組織することによって引き起こされた、ということがここに明らかとなる。

松浦はこの動きをつぎのように総括する。

一九三九年夏の反英運動という、日本近現代史上初めての、しかも内地のみならず植民地および周辺アジア地域を巻き込んだ一大政治運動は、国内政治の場において汎アジア勢力に強い力を持たせ、汎アジア主義イデオロギーを広く浸透させることになると同時に、三国軍事同盟締結という日本にとって極めて重要な政治決定過程において親英派を封じ込めた。日本帝国は「亜細亜の解放」のための「聖戦」と言うイデオロギーによって自らを緊縛し、……日米戦争回避の途を閉ざし、「大東亜戦争」へと自らを追い込んで行く。（同書七九五頁）

帝国日本は、「アジアの解放」という理念を天皇制＝国体へと回収する言説によって「アジアを代表して欧米諸列強と戦う」という国民的合意を組織し、この合意によって流動化する大衆を帝国臣民へと陶冶する。この「聖戦」という国民的合意の組織化が、「アジアの解放」とは正反対の、アジアに対する徹底した資源略奪と民衆の収奪（強制連行、性暴力、住民虐殺）を強行することになる。沖縄の強制集団死、硫黄島の「玉砕」、日本の主要都市の大空襲、そして広島・長崎の被爆は、「アジアの解放」というレトリックの下に推進されたこの侵略戦争がもたらした最終的帰結であった。

むすび

立憲主義が否定され集団的自衛権が合法化された二〇一〇年代の日本は、同じく天皇機関説が放棄され、戦時動員体制へと急速に展開していった一九三〇年代と同じサイクルをたどっている。そしてそのサイクルの同期性を生み出す鍵を握るのが、「愛国と信仰」という国家神道の精神である。中島・島薗［2016］が主張するこの視座を、本論では市民社会の共進化という方法概念によってとらえかえしてみた。

だが、このサイクルの同期化は不可避の道ではない。このサイクルの同期化の動きは、そのなかに対抗するベクトルを内包しているのであり、われわれにそのベクトルを示唆してもいる。われわれに求められているのは、市民社会の新自由主義的な共進化の動態に介入して、それに対抗する共

図　戦後日本における市民社会の共進化
（1990年代を境にした共進化の構造転換）

国際秩序	冷戦	ポスト冷戦	グローバル市民社会
経済の表象	経済成長	長期不況	グローバル市場競争
	↑	↑	
経済構造	企業主義的調整	→新自由主義政策	ネオリベラルな社会像 ＝市場のグローバル化
国家の表象	経済国家	→グローバル競争国家 ＋ 軍事的・権威主義的国家	ヴェストファーレン体制の国家秩序
国家の構造	日米妥協	→日米妥協の動揺	
	日米安保条約 ＋	→日米軍事同盟	
	象徴天皇制国体	→天皇の元首化	
	（日本国憲法）	→改憲	
市民社会の表象 ↓	平和・民主主義・人権	→能力主義的競争・自己責任 ＋	古典的ブルジョア社会 ↑
	＝経済ナショナリズム	→排外主義ナショナリズム	ポストモダンの社会像
社会運動	反戦平和運動、消費者運動	→在日特権を許さない会 日本会議	
歴史認識	戦前と戦後の切断＝被害からの回復としての戦後史（加害の黙殺）	→戦後レジームからの脱却 →加害責任の「自虐化」	
社会的無意識	敗戦の否認	→市民社会の言説化	
	↑ 国家犯罪の否認	＝「歴史戦」→	←主権国家を超える価値規範（生命の尊厳、人道に対する罪、自決権）

進化の動態をいかにして創出するか、という問いである。「歴史戦」という言説に媒介された市場のグローバル化と国家の権威主義化・軍事化による共進化のベクトルを、グローバル市民社会による市場と国家の制御のベクトルへと反転させなければならない。諸個人を家族・地域・協同組合・結社などの社会的基盤から引きはがして分断し、能力主義にもとづく個人間競争へとかり立てつつ、諸個人を「国体」へと回収しようとする共進化に代わって、連帯と協働の共進化の運動をいたるところで、多様なかたちで創造することが求められている。そしてこの共進化のなかに国家の政策を埋めこんで、市場競争を制御していくことが求められているのである。

注

（1）近年、この国で急速に進む国家の軍事化および権威主義化の動きを、一九三〇年代における全体主義の出現と重ね合わせて考える論説が登場している。たとえば、中島岳志・島薗進［2016］は、明治維新から敗戦までの七〇年と敗戦から現在までの七〇年を比較して、それぞれの時期を三区分し、明治維新後の日本と敗戦後の日本が同じサイクルをくりかえしているという興味深い指摘をしている。

一八六八年から一八九四年の日清戦争までの「富国強兵」の時代は、一九四五年から一九七〇年までの戦後復興と高度成長の時期と対比され、一八九四年から一九一四年の第一次世界大戦勃発までの「アジアの一等国」化の時代は、一九七〇年から一九九〇年までの「ジャパン・アズ・ナンバーワン」、およびバブル景気の時代と対比され、そして一九二〇年代から一九四五年の「昭和恐慌」、「昭和維新」、全体主義の時代が、一九九五年以降から現在にいたる長期の経済停滞と軍事化の動きと対比される。

中島岳志・島薗進は、この第三期のサイクルにおける全体主義の出現を、〈国家と宗教の関係〉という視点から解き明かそうとする。一九三〇年代の日本は、天皇機関説に代表される立憲君主制の学説を否定し、天皇を元首として絶対視する国家神道が前面に登場し、「愛国と信仰の暴走」によって全体主義がもたらされた。同じようにして、今日の日本も、戦後定着した日本国憲法と民主主義を基盤とする立憲主義が否定され、神社本庁をはじめとする宗教法人が主導権をとる市民団体（日本会議）が急速に台頭し、「日本精神としての国体」を理念に掲げて、改憲、さらには帝国日本の復活の道が急速に現実化しつつある。排外主義的ナショナリズムの集団的心性が信仰という精神的枠組みと融合して、国家宗教化へと急速に傾斜する一九三〇年代のサイクルと類似した全体主義の動きが高まっている。

本論は、中島岳志・島薗進が提示したこの〈国家と宗教の問題〉を市民社会の次元でとらえ返し、新自由主義と全体主義が共進化しつつ社会の破局をもたらそうとする動きを市民社会論の視座から説き起こすことを課題とする。この解明によって、新自由主義と全体主義という一見相反するかに見える動きが、市民社会の媒介によって共進化し作動している今日の日本の状況を明らかにしたい。

（2）斉藤日出治［2005］は、M・カルドーのこのような複合的な市民社会像が異なった国家の諸類型、異なった社会運動の組織化と節合する動態について論じている。

（3）後述するように、日本の右派論壇に登場する「歴史戦」は、グローバル市民社会の発展が日本の市民社会にもたらした反響＝共進化についての重要な事例である。

（4）松原隆一郎［2000］は、戦後日本における家電製品の普及が、家族形態の核家族化、専業主婦の出現などに作用を及ぼしていることをとらえて、このような新しい商品の出現がまったく異次元の領域に及ぼす作用を「共進化」という概念で解き明かしている。

ハーヴェイが自著に「資本の〈謎〉」というタイトルを付けた理由は、資本がたえず共進化の運動をくりかえし、その運動がどのようなかたちで実を結び、いかなるすがたの社会を生み出すかは、その結果においてしかわからない「謎」だからである。市民社会とは、この共進化の運動を媒介する作用であり、資本主義とは、あらかじめ定められたシステムなのではなく、この多層的な媒介作用を通して事後的に編成されるシステムである。

(5) ニューヨークの財政危機がもたらした都市政策の転換については、ハーヴェイのほかに、横田茂［2008］も参照されたい。

(6) ナオミ・クライン［2011］が「ショック・ドクトリン」と呼ぶ惨事便乗型資本主義の政治的介入は、一九七二年のチリのクーデタにおいてだけでなく、一九七〇年代のニューヨーク市政に対する金融資本の介入においても、行使されたのである。本論の問題視座からすると、「ショック・ドクトリン」とは、市民社会における社会表象の劇的な転換を介した社会経済の制度変革（グラムシのいう「受動的革命」）だということができる。

(7) 日本資本主義における労使間妥協、企業間妥協の相互補完の関係については、山田鋭夫［2008］が詳細に論じている。本論は、山田鋭夫がレギュラシオン理論の方法論的深化によって究明した日本資本主義の制度分析のこの成果を、市民社会の共進化の視点から、日本資本主義を根底で支える日米間の国家間妥協、さらにはその深層にある社会的無意識の次元（日本の国家犯罪の否認）と節合させて、その共進化の動態を考察する。

(8) 都市再生本部の創設と都心部の建設ラッシュについては、五十嵐慶喜・小川明雄［2003］から学んだ。

(9) 日本が敗戦時に天皇制＝国体を護持し、その見返りとして米国への軍事的従属を受け入れるというかたちで「「天皇＋米軍」が戦後日本の権力構造」（一二〇頁）を支えたことについては、矢部宏治［2015］を参照されたい。

(10) 吉田ドクトリンについては、加藤典洋［2015］を参照されたい。

(11) 五十嵐恵邦［2007］は、人気ラジオ番組『君の名は』、怪獣映画『ゴジラ』、プロレスラー力道山の活躍、といった戦後日本人の大衆的人気を博した大衆文化が、戦後の歴史を、日本国民の加害のトラウマを被害に転移させその被害を乗り越えていく過程として表象する国民意識をはぐくんだ、と指摘する。一九六〇年代の高度成長や一九六四年の東京オリンピックは、敗戦という悲惨な被害体験をさらに未来に向かって前進させるエネルギーへと転換させた、と。

(12) 武藤一羊［2016］は、戦後の日本国家が、①米国の覇権、②憲法の平和主義、③「大日本帝国の継承原理」という、たがいに矛盾する三つの原理の折衷として構築されていることを指摘する。武藤一羊はこの三つ原理の折衷を国家論として展開しているが、本論では、この国家論的展開を市民社会における共進化の政治としてとらえかえし、国家と経済を総過程的媒介の政治としての市民社会の概念によって再定位しようとする。

(13) 敗戦を受け入れたはずの日本が、敗戦を否認する意識を持ち続け、その意識がなぜ新自由主義のもとで浮上してきたのか。それは日米妥協の制度的構造の危機と密接に関連している。白井聡［2013］は、敗戦を否認するために米軍への従属を永続的に受け入れるという日本人のこの集合的無意識を「永続敗戦」と呼ぶ。だが、「永続敗戦」の意識には、さらにその深層に国家犯罪の否認という社会的無意識が潜んでいることを見逃してはならない。敗戦の否認の意識化は、同時にその深層にある国家犯罪の否認の意識化をともなう。

(14) メアリー・カルドーが市民社会の複合的言説として列挙した五つの社会像のうち、最後の二つの社会像、つまり「ネオリベラルな社会像」と「ポストモダンの社会像」が、一九九〇年代以降、日本の市民社会の支配的な表象としてひとびとの意識に顕在化してくる。

(15) 戦後日本の市民社会派マルクス主義は、市場の一物一価の法則を徹底し市場社会を内実化することによって、自由・平等の市民社会の達成を図ろうとした。だが、日本の市場社会とそれを支える企業主義的な調整という構造は、その深層に日本の敗戦の否認と国家犯罪の否認という集合的無意識を内蔵していた。市民社会派マルクス主義が問わねばならなかったのは、この深層の集合的無意識である。日本の国家犯罪に対して日本の市民社会がみずから向き合い、その事実の究明と被害者に対する謝罪と賠償を追求すること、この歴史的責任を追求することによって戦後日本の歴史認識の転換を図ること、この作業こそが日本の市民社会を内実化する道であった。

(16) 一九三九—四五年の日本による海南島の軍事占領下で起きた戦時性暴力に対して、海南島の八人の女性（当時一四—一九歳の少女だった）が、二〇〇一年に東京地裁に日本政府に対して謝罪と名誉回復並びに損害賠償を求める訴訟を行った。

この訴訟に対する判決は、「旧日本軍が中国人の少女を強制的に拉致・監禁し、継続的かつ組織的に戦時性奴隷とした」事実を認定し、「被害女性らに対して軍の力により威圧しあるいは脅迫して自己の性欲を満足させるために陵辱の限りを尽くした軍人らの本件加害行為は、極めて卑劣な行為であって、厳しい非難を受けるべきである」とし、ＰＴＳＤはもとより「破局的体験後の持続的人格変化」も認定している。

だが、にもかかわらず、判決は、日中共同声明により「裁判上訴求する権能」が放棄されたとして、原告の請求を棄却している。（二〇〇九年三月二六日東京高裁判決）。日本政府と日本の司法は、自国のおこなった国家犯罪を自己免責して犯罪の被害者に対する謝罪と賠償を放棄したのである。

(17) ピースおおさか（大阪国際平和センター）においても、二〇一五年に加害展示が市民に情報公開されないまま行政の判断で撤去され、再開館された。この撤去の理由は、加害展示を「偏向」だとする市民からの要望があったためとされているが、実際には、市民の声は加害展示の撤去に反対するものが圧倒的に多かった。維新の会が大阪市、大阪府の行政権を支配し、その行政によるピースおおさかへの不当な介入によって、この撤去が市民の反対を押し切って強行されたのである。

(18) 侵略犯罪の事実究明がほとんどなされていないとはいえ、市民社会の内部からこの事実究明に向けてさまざまな取組みがおこなわれている。筆者もかかわっている市民団体の海南島近現代史研究会（在日朝鮮人、中国人、日本人が参加する）は、日本が海南島を軍事占領している時期（一九三九年二月―四五年八月）におこなった住民虐殺、性暴力、資源略奪、土地収奪、文化破壊、思想統制などについて、会の前史をふくめて二〇年以上にわたって、現地を訪問し、聞き取りなどの調査をおこなってきた。

日本軍（海南警備府）は、軍事占領期に、海南島の各地の村を襲い、村人を妊婦、乳幼児、高齢者までもふくめて無差別に殺害し、家を焼き払い、食糧・家財を略奪し、女性を乱暴した。さらに、海南島の住民だけでなく、朝鮮、台湾、中国大陸から連行したひとびとを海南島各地の軍用道路、軍用施設、軍用トンネルの工事や鉱山の採掘にかりたて、多くの犠牲者を出した。これらの犯罪に対して、戦後の日本政府は、海南島の住民に謝罪や賠償をしようとも、犠牲者の名前や数を調査しようともしないばかりか、その犯罪の事実すら認めてはいない。

海南島近現代史研究会が制作した映像ドキュメンタリーとしては、『海南島月塘村虐殺』（二〇〇八年）、『朝鮮報国隊』（二〇〇八年）がある。

（19）過去とのかかわりかたをめぐるこのような敵対的対立、つまり歴史認識をめぐる歴史修正主義者と侵略犯罪の責任追及を求める勢力との論争については、斉藤日出治［2011］を参照されたい。

（20）この動きについては、太田昌国［2015］、能川元一［2015］を参照されたい。

（21）斉藤日出治［2005］は、カルドーの説を参照にしつつ、主権国家を超えた国際機関、グローバル企業、市民諸団体のネットワークが主権国家と競合しつつ組織するトランスナショナルな複合的権力の社会として〈グローバル市民社会〉を定義する。

（22）太田昌国［2015］は、主権国家による国際秩序の規制力を超えたトランスナショナルな人権の規制力の出現によって、「国民国家の過去・現在を無限に肯定し、国家の硬い壁を打ち固める時代は終わりを告げ」「国境を越えた共同の事業」（二一頁）の時代が始まった、と言う。

（23）右派の「情報戦」「歴史戦」については、山口智美ほか著［2016］を参照されたい。この国際陰謀説は、「大東亜戦争」を日本が欧米諸列強の陰謀によって「仕掛けられた戦争」だとするとらえ方につながっている。能川元一［2015］は、このような戦争の説明を「日本は当事者能力に欠ける間抜けな国家」（一八六頁）とみなすに等しい、と批判する。

(24) したがって、「歴史戦」という言説は、グローバル市民社会の重要な構成要因である。カルドー［2003］は、この種の言説を、市民社会の「ポストモダン的な見解」（邦訳一五頁）として位置づけている。グローバリゼーションに反発するかたちで高揚する宗教的原理主義、ネオ・ナショナリズムの運動を、グローバル市民社会を構成する一要因とするカルドーの視座はきわめて重要である。

右派の論壇に比べて、「歴史戦」、あるいは「情報戦」を市民社会のヘゲモニーの視座から位置づけようとする認識が左派には欠落している。唯一の例外として、加藤哲郎［2007］は、インターネットなどの電子メディアを用いた世論形成が国内・国際政治において決定的な意味をもつ時代を「情報戦の時代」と呼んで、グラムシの陣地戦、塹壕戦の延長線上に「情報戦」を位置づけている。

なお、本論では、日本の市民社会における右派の論壇のヘゲモニーに焦点を当てているが、このヘゲモニーに対抗して、日本の国家犯罪の責任追及をおこなう多様な社会運動（朝鮮人・中国人の強制連行、南京大虐殺、七三一部隊などの究明に取り組む在日朝鮮人、在日中国人、日本人の運動）があることも記しておきたい。

(25) 日本会議について研究は、菅野完［2016］、山崎雅弘［2016］、青木理［2016］を参照されたい。

(26) たとえば、日米開戦の動向に関する研究は、軍部の予算問題、海軍と陸軍の確執、御前会議、天皇の意向、外交政策、議会の決議などに焦点が当てられ、国策としての「大東亜戦争」が市民社会次元でどのように組織されたのかについて、論じられることはほとんどない。その意味で、松浦正孝の研究はきわめて意義深い。

(27) 今日の日本の社会危機を一九三〇年代の全体主義への急進展との関連においてとらえる中島岳志・島薗進［2016］も、同様に、一九二〇年代前半の「大正デモクラシー」の高揚と、一九三〇年代の昭和の全体主義とを対立させて考える考え方を批判し、「大正デモクラシーと言われる運動の中に、極めて昭和の全体主義を準備するような要素というのがすでに濃厚にあったとみるべき」（中島岳志・島薗進［2016］二四二頁）だ、と述べている。

（28）吉本隆明［1991］は、当時、「英米の白人支配に対し、徹底的に戦争を継続すべきだ」と思って、「死は恐ろしくない」と、当時の感慨を語っている（一七二—三頁）。多くの日本人民衆が抱いた当時の社会感情は、帝国日本の政府の声明や軍部の指令といった強制力だけでは説明のつかない身体感覚をあらわしている。このような身体感覚の発生は、「汎アジア主義」という殺し文句のもとに民衆の社会感情を組織的に動員するダイナミックな社会運動を抜きにしてはありえなかった。

松浦正孝［2010］は、当時の「汎アジア主義」について、「日々の暮らしに生きる人々の経済生活・コミュニケーション・宗教的生活などに浸透し、平易なイデオロギーのネットワークとして広がりを持っていったが故に、大きな影響力を持つ国民的な「世論」……として政治的影響力を持つに至った」（同書一四頁）、と、その社会的表象の支配力に着目する。

（29）松浦正孝は、この反英運動の高揚とともに朝鮮人労働者の強制連行が始まることに着目する。強制連行は「汎アジア主義の枠組みの中で始まった」（同書七五六頁）、と。これはきわめて重要な指摘である。一九三九年七月八日に国家総動員法にもとづいて「国民徴用令」が公布され、同時に「朝鮮人労務者内地移住に関する件」が発布され、朝鮮総督府では「朝鮮人労務者募集並渡航取扱要綱」が発令され、集団募集が開始する。これが一九四二年二月の「朝鮮人労務者活用ニ関スル方策」へとつながり、朝鮮総督府「朝鮮人内地移住斡旋要綱」＝「官斡旋」による強制移住をもたらす。

アジア民衆の強制労働は、「大東亜共栄圏」という空間形成をとおして、帝国日本が対米英戦争を遂行するためにアジアの空間総体における最適な資源配分、労働配分をおこなうという思考に支えられていた。この〈帝国の空間〉に住まうすべての住民を日本の侵略戦争遂行のための最適配分の「駒」として利用しうる、という思考と政策は、「大東亜共栄圏」という言説を生産することを抜きにしてはありえなかったのである。

(30) 日本会議の前身である「日本を守る会」も、当初は、国家神道の復権を図る思想文化団体として出発した。だが、日本会議へと転成するなかで急速に政治的団体としての性格を強めていく。それは、一九三〇年代に「大亜細亜協会」が思想文化団体から政治団体へと転変した道に重なる。

第Ⅲ部　資本主義と死の欲動——精神分析で読む資本主義の破局

第1章　グローバル資本主義の精神分析

はじめに――資本主義は死を望んでいる

二一世紀に入って、資本主義はとりわけその暴力性を剝き出しにしている。ポスト冷戦下で急進展したグローバリゼーションは、資本の価値増殖の運動を地球のすみずみまで押し広げ、国家を超える強大なグローバル企業を生み出す。これらの巨大資本は、エネルギー・原料・食糧などの資源を略奪し、森林の伐採、河川・海洋・大気の汚染を推進し、農村や都市の共同生活の諸関係を破壊した。巨大資本のグローバルな投資活動は、南の諸国の工業化を促し、さらに南の諸国を新興消費国にして、その消費需要を巨大資本がたがいに奪い合うグローバル競争を展開する。この投資活動は世界を商品・貨幣・資本という物象の絆でひとつに結びつけることによって、その絆が寸断されたとき、危機がたちまち全世界に波及するというリスクを増幅させている。こうして、エネルギー危機、食糧危機、原材料の危機、金融危機、環境危機が世界各地で頻発するようになる。

投機目的の金融取引を主導とする金融資本主義も、グローバリゼーションが発動する暴力性と連動して、その破壊力を強めている。先物、オプション、スワップなどの金融派生商品を売買する投機目的の金融取引が金融市場を占拠することによって、金融は産業の循環活動を仲介する機能をやめて、産業活動から自立して暴走する。その投機的金融取引が世界の資金循環の流れを支配することによって、金融取引の中心地で発生した信用収縮がたちどころに世界金融危機として発現する。二〇〇八年のリーマン・ショックはこうして起きた。

さらに、グローバリゼーションと金融主導型資本主義は、剰余価値のレント化傾向を加速する。レントとは、産業活動における収益である産業利潤とは異なり、産業活動をともなうことのない不労所得である。不動産・株・証券・知的財産を運用して獲得する収益（利子・配当・ロイヤリティ・キャピタルゲインなど）が剰余価値の支配的な形態となり、肥大化していく。このレント化傾向が、世界の富の極端な偏在を招き、格差と不平等を押し広げた。

グローバリゼーション、世界金融危機、剰余価値のレント化傾向は、資本の運動がはらむ攻撃的暴力性を地球的規模で発動している。[1] この攻撃的暴力性は、たんに資本の運動がもたらした帰結であるだけではない。資本の運動はこの暴力の発動をむしろ自己目的としている。ナオミ・クライン

『ショック・ドクトリン』が暴き出したように、新自由主義的資本主義は、地震・津波などの災害、社会危機に便乗して、あるいはクーデタ・戦争・社会危機をみずから組織しつつ、社会を破壊して白紙状態に還元し、そこにビジネスチャンスを創出するからである。

つまり、資本主義は人類と地球の破局的な危機をみずからの手で招き、その危機に恐怖して、その恐怖におののき悲鳴を上げながら、なおも危機に向かって突進を続けようとする。資本主義とはそのような破局への衝動を秘めたシステムだ、ということがしだいに露呈しつつある。この資本主義に内在する暴力的衝動をいったいどう理解したらよいのだろうか。

市場の均衡と経済の成長を課題とする経済学の言説は、この資本の暴力的衝動への問いをはじめから封じこめている。その意味で、経済学の言説はみずからの言説が内包する暴力的衝動にまったく無自覚なのである。あるいは、うすうすそのことに気づいていても、その衝動を受け止める概念装置をもちえないために、知らないふりをする。

フランスの経済学者G・ドスタレールとB・マリス『資本主義と死の欲動』は、この暴力的衝動の解明のための鍵をフロイトの精神分析に求めようとする。資本の運動を推進する駆動力となっている貨幣への飽くなき渇望、資本蓄積へのかぎりない衝動の深層には、無意識の欲動がうごめいている。本論は、ドスタレールとマリスが援用するフロイトの精神分析を手がかりに、資本主義の破局的衝動の本性を探ることを課題とする。

一　フロイトの〈死の欲動〉――人類の自己攻撃的欲動

経済学という言説は、資本がそのうちにはらむ攻撃的暴力の本性を解き明かす概念装置をもちえない。経済学は、資本の攻撃的暴力がもたらす破局的危機を、せいぜい「市場の外部効果」として、あるいは経済システムの混乱、あるいは危機として説明するだけである。

これに対して、ドスタレールとマリスがグローバル資本主義の破局的危機を自己了解するための手がかりとして援用するのが、フロイトの〈死の欲動〉という概念装置である。

フロイトは、生の快楽を追求し苦しみを避けようとする〈生の欲動〉にもとづいて精神分析を進めてきた。『快原理の彼岸』で彼はこう言う。

心の出来事はいつでも、……不快を回避し快を産出するように、舵取られ経過してゆく。

（Freud S.［1920］邦訳五五頁）

しかし、快の産出は、いつも満足のいくかたちで実現されるわけではない。快の追求は、外的な環境に制約されて、ときに自己を保存することを危うくすることがある。その場合には、快の満足を一時断念して、快の満足を迂回させようとする。これをフロイトは「現実原理」と呼ぶ。

現実原理は、最終的に快を獲得するという意図を放棄することはないが、しかし、満足を延期したり、満足のいろいろある可能性を断念したり、快に至る長い廻り道の途上でしばしの間不快に耐えたり、といったことを要求し、また貫徹させるのである。(ibid., 邦訳、五八頁)

だが、ひとは外的な危険に対して、この現実原理では説明のつかないような心の反応を示すことがある。事故や戦争で生命の危険にさらされることによってひとが陥る「外傷性神経症」の場合、患者は自我に不快をもたらすものを回避するのではなく、それを反復して体験しようとする。患者は、「抑圧されたものを過去の一部分として想起するのではなく、現在の体験として反復するよう、余儀なくされる」(ibid., 邦訳六八―六九頁)。

この「反復強迫」(ibid., 邦訳六九頁) の体験は、自我の快原理によっても、現実原理によっても、説明のつかないものである。

さらにフロイトは、同じ「反復強迫」を別の事例でもとりあげている。一歳半の幼児が糸巻きをベッドの下に放り投げて、それが見えなくなってから糸を引っ張ってたぐり寄せる、いわゆる「いないいないごっこ」遊びをする。幼児はおもちゃが見えなくなる状況を故意につくりだし、見えなくなったおもちゃが再び現われることで歓喜の声を上げる。それは、欲動が断念される状況をみずから作り出し、その再来を歓迎するという「消滅と再来の遊び」(ibid., 邦訳六四頁) である。この遊びは、母親がいなくなるという、自分にとって一番大切なものの消滅という苦痛の体験を遊びとして反復体験することだ、とフロイトは言う。そしてこの苦痛の体験を反復することは、快原理では説明がつかない。

子供がこの自分にとって苦痛な体験を遊びの劇として反復することは、どのようにして快原理とつじつまが合うのだろうか。(ibid., 邦訳六五頁)

こうして、フロイトは外傷性神経症患者や幼児の「いないいないごっこ」遊びにおける反復強迫を「快原理以上に、根源的で、欲動的なもの」(ibid., 邦訳七四頁)と位置づけ、これを〈死の欲動(タナトス)〉と呼ぶ。

〈死の欲動〉とは、生を昂進し生を追求する欲動(エロス)とは対極に、生が出現する以前の状態に、つまり生命なき状態に立ち戻ろうとする欲動である。人間には、「生命実体を保存しこれを次第に大きな単位へと統合しようとする欲動のほかに、それと対立して、これらの単位を溶解させ原初の無機的状態に連れ戻そうと努めるもうひとつ別の欲動が存在するに違いない」(Freud S. [1930] 邦訳一三〇頁)。

フロイトは、この二つの欲動の対抗関係を通して精神病理現象をより深く解明することができると考えた。

この二つの欲動が一緒に作用したり互いに対立して作用したりすることから、生命の様々な現象が説明できる。

(ibid., 邦訳一三〇頁)

このようにして、フロイトは、生を活性化し生をたえず更新しようとする〈生の欲動〉に対して、生以前の状態に、つまり無機物に回帰しようとするもうひとつ別の欲動を発見する。そして、この生以前の状態に立ち戻ろうとする〈死の欲動〉が〈生の欲動〉のなかに入りこむとき、それは他者や外部に対する攻撃的欲動となって発現することになる。無機物に帰ろうとする、自己の内部からわき起こってくるこの〈死の欲動〉が、〈生の欲動〉の回路をとおして、他者や外部に対する攻撃的欲動へと転ずるのである。

したがって、〈生の欲動〉には、つねに〈死の欲動〉がつきまとう。〈生の欲動〉に突き動かされて他者と関係するとき、そこには〈死の欲動〉が同時に作用する。だから、他者を愛するという他者とのかかわりかたのうちに、すでに他者を憎悪し他者を攻撃する欲動が不可分なかたちで潜んでいるのである。人間は、それゆえ自己および他者に対して攻撃的になるという本源的な性向を秘めた存在である。

人間には生まれつき「悪」への性向、攻撃と破壊に向かう、それゆえまた残酷性に向かう性

向が備わっている。　（ibid., 邦訳一三二頁）

サディズムとは、〈生の欲動〉にはらまれる他者への攻撃傾向であり、マゾヒズムとは、〈生の欲動〉にはらまれる自己への内なる攻撃傾向を表わしている。〈死の欲動〉は〈生の欲動〉のうちに住まい、〈生の欲動〉とともに膨張していく。エロスはそのタナトスを支配し利用しみずからに従属させようとする。だが、このエロスの発展過程は同時に、タナトスを先送りし迂回させる過程にもなる。この回路をとおして、タナトスはかぎりなく自己を増殖させ、巨大な暴発力を秘めたものへと成長していく。

〈生の欲動〉と〈死の欲動〉とのこの非和解的な対立を調整するのが文化である。文化は〈生の欲動〉を社会の秩序に向けて導き、死の攻撃的欲動を抑止しようとする。だが、文化は〈死の欲動〉が増殖する回路にもなる。それゆえ、文化はエロスとタナトスのあやうい均衡の上に成り立つ。

人間の共同生活は、人間自身の攻撃欲動や自己破壊活動によって撹乱されている。人類は、これを自らの文化の発展によって抑制できるのか。どの程度までそれが可能なのか。私には、その成否が人間という種の運命を左右する懸案ではないかと思われる。　（ibid., 邦訳一六二頁）

なぜ攻撃欲動は「人間という種の運命を左右する」ことになるのか。フロイトによれば、それは人間の攻撃欲動が人類を絶滅させるほどの水準に達しているからである。フロイトの時代には、すでに大量虐殺兵器が開発され、強制収容所がつくられていた。しかし、二一世紀の初頭に生きるわれわれは、このフロイトの懸念をはるかに深刻に受けとめなければならない状況にある。核兵器、遺伝子工学、金融工学、そして原子力発電といった、フロイトが知らなかった技術のおびただしい開発によって、人類の攻撃欲動を充足する装置は恐るべき水準に達しているからである。フロイトの想像も及ばなかった核戦争、地球の温暖化、遺伝子工学がいかなる脅威をもたらすかについては、こんにちほとんどのひとが熟知しているはずだ。だが、その脅威が将来の人類にいかなる災禍をもたらすのかについて、じつはだれも知らないのだ。

フロイトは〈生の欲動〉が死の攻撃的欲動を抑制することを期待していたが、同時に、二度目の世界大戦を控え、みずからの死を迎えつつあった時期になると、この期待にしだいに疑念を抱くようになる。

「天上の力」のもう一方、永遠のエロースには、ひとつ奮起して意地を見せてくれることを期待しようではないか。だが、その成否や結末はいったい誰に予見できよう。

(ibid., 邦訳一六二頁)(2)

二　資本主義と〈死の欲動〉

ドスタレールとマリスが着目するのは、フロイトのこの疑念である。今日のグローバリゼーションがもたらす破局的暴力を前にして、フロイトの疑念はいっそう切実なものになっているのではないか、著者たちはこう問いかける。

二人は、フロイトが文化のうちに見て取った〈生の欲動〉と〈死の欲動〉との緊張関係を経済活動のうちに読みこもうとする。そのために、生産・消費・貯蓄・蓄積といった各種の経済活動が、この二つの欲動の緊張関係において定位し直される。

生産活動、さらには資本の蓄積活動とは、目の前の直接の欲求充足を断念し、快楽を引き延ばし、それを将来に迂回させることを意味する。生産とは消費を迂回させ先送りする行為だからである。生産活動をおこなうためには生産手段が必要とされる。この生産手段を生産する活動は、直接の快楽の享受を断念し、迂回させて、将来に現在よりも多くの快楽を得るための廻り道の行為である。経済活動は、そのようにして技術革新と生産性の上昇をめざして、この迂回路を拡大させていく過程となる。この過程は、フロイトによれば、快原理を迂回させ先延ばしする「現実原理」の働きである。

だが、この迂回路は、「現実原理」の展開過程であると同時に〈死の欲動〉を増幅させる回路にもなる。それは、ひとびとの憎悪や怨恨や模倣欲望や相互の不平等を累積し波及させる回路にもなるのだ。投資の活動は、直接的消費を断念して将来より多くの消費を可能にするための活動であるが、この活動が同時に、「より多くの将来の破壊のために現在の破壊を延期すること」であり、「もっと後になってより巨大な力でもって死の欲動を実現するために、今日における死の欲動を制限することなのである」(Dostaler G./Maris B.,［2009］邦訳四六―七頁)。

文化も、経済活動も、〈生の欲動〉を制御可能なものにし、増幅させる過程でありながら、その過程が同時に自然と人間に対する破壊的な暴力を蓄えていく過程となる。この視点からすると、新自由主義の経済は、市場競争のエネルギーを縦横無尽に活性化することによって、〈死の欲動〉を内部に深くためこみ、内部に蓄えたその破壊力を暴発させるリスクをたえず高めていく過程となる。市場のグローバリゼーションが発動する諸種の危機的現象は、ほかならぬこの〈死の欲動〉が暴発したすがたではないのか、ドスタレールとマリスはそう問いかける。

死の欲動は、生を破壊するという目的を追求する。だがその目的は、生の欲動によってたえず遅らされ、その目的の追求を通して迂回させられる。迂回がしだいに大規模になる。経済における生産のこの迂回は、資本蓄積という形態をとる。生産の迂回が引き延ばされれば引き延ばされるほど、最終的生産に到達する時間はますます長くなり、生産過程において経過する時間はますます重要になり、市場と消費から排除されて蓄積に参加する人と機械はますます多く

なり、蓄積はますます強まる。（ibid., 邦訳四九―五〇頁）

フロイトは二〇世紀における二つの世界大戦のうちに〈死の欲動〉のエネルギーの暴発を予見したが、二一世紀初頭の今日、この暴発の危機が、核戦争、諸種の宗教紛争・民族紛争・言語紛争、原子力発電事故、地球環境危機となって再現前化している。

フロイトの〈生の欲動〉と〈死の欲動〉に立脚した精神分析による資本主義批判は、ドスタレール／マリスに始まるわけではない。この批判は、すでに半世紀以上前に、ヘルベルト・マルクーゼ、ノーマン・ブラウン、エーリッヒ・フロム、ヴィルヘルム・ライヒなどフランクフルト学派の論客を中心にして取り組まれてきた。

だが、これらの論客は、今日のわれわれが眼前にしているグローバリゼーションの動態的な進展を見ることはなかった。それゆえ、資本主義の精神的抑圧と神経症に手厳しい批判を浴びせながらも、かれらは資本主義の長期的将来について比較的楽観的であった。

だが、現在の資本主義が直面している事態は、ほかならぬ「死の欲動」の暴発によって人類と地球が死へと向かう動きそのものではないのか、ドスタレールとマリスはこう警告するのだ。

半世紀前に資本主義と精神分析について論じられたのは、フォード主義的蓄積体制が整備された第二次大戦後の先進資本主義の「黄金期」と呼ばれる時代であった。この時代的背景は、マルクーゼらの楽観論とおそらく無縁ではなかろう。かれらは「アメリカン・ドリーム」や「黄金の三〇年」

の成長における豊かさの欺瞞性を告発したが、その豊かさが人類を死に追いやるという深刻な危機意識は希薄であった。だから、その偽の豊かさに対して、快原理にもとづくエロスの世界をユートピアとして提示すればよかった。

ところが今日われわれが直面しているのは、〈死の欲動〉を経済成長および技術革新によって転移させ生き延びてきた資本主義がいよいよ〈生の欲動〉による〈死の欲動〉の制御能力を喪失して破局を迎える、というきわめて深刻な事態である。〈生の欲動〉のなかに潜み〈生の欲動〉によって操られていたかのように思われた〈死の欲動〉が〈生の欲動〉を圧倒してその破壊力をみせつつある。資本の蓄積過程とは、〈生の欲動〉によって迂回させられた〈死の欲動〉が密かに〈生の欲動〉を操り、やがてそのエネルギーを暴発させる回路であった、そのことがいよいよ露見する時代にわれわれは生きている。このようにして、著者たちはフロイトの〈死の欲動〉の切迫した暴発の危機に警鐘を鳴らす(3)。

タビネズミが押し合いへし合いして、断崖絶壁の高みから飛び降りるのと同様に、あるいはトナカイが荒れ狂う河に一団となって身を投げるように、人類はみずからをせき立てて、無意識に死へと向かいつつあるのではないか。そこには巨大な享楽が、あるいは少なくとも巨大な安らぎを求める欲望がともなっているのではないか。(Dostaler G./Maris B., [2009] 邦訳一七―一八頁)

三　肛門性愛と〈死の欲動〉——糞便と貨幣

フロイトは、〈死の欲動〉に突き動かされた〈生の欲動〉の運動を、人間の肛門と排泄物に対する執着という性癖に見て取る。

フロイトは、幼児期における肛門性愛について論ずるなかで、肛門から排出される排泄物が幼児にとって有する多義的な象徴的意味に着目する。腸を通って体外に排出される糞便は、幼児にとって自分にとっての子どもという創造的な意味を、他者への贈り物という他者への愛の意味を、自分にとっての財産という他者からの独立という意味を、さらには他者を攻撃する武器としての意味を、それぞれはらむ。糞便は金銭、贈り物、子ども、ペニス、武器、といったものと結びついた多義的な象徴性を帯びている。生まれてくる赤ん坊は、腸を通って大便と同じようにして体から分離されるものとして表象される。大便は赤ん坊が愛する両親に捧げる最初の贈り物であり、赤ん坊の一部としてみなされる。大腸をくぐって出てくる棒状の糞便はペニスと同一視される。糞便に対する関心は、贈り物に対する関心へと移り、やがて金銭に対する関心へと移行する(4)。

排泄物に対するこの性癖は、成人になると消え去るが、その性癖は「吝嗇、節欲、強情」といった性格となって昇華される。そしてこの昇華された性格をとおして、幼児期における性癖に潜む人間の無意識の欲動が保持されるのである。

フロイトのこの肛門性愛論に着目したノーマン・ブラウン『エロスとタナトス』[1959]は、肛門および排泄物と〈生の欲動〉および〈死の欲動〉との関連をつぎのように解き明かす。なぜ、ひとは排泄物のような不潔な汚物に執着するという性癖を有するのか。それは、死を宿命づけられた肉体から排出される排泄物のうちに不死の生命力を求めようとする欲動から生じている。この性癖は、「肉体を否定してそれを超越しようとする人間自身の傾向」(Brown N. [1959] 邦訳二九九頁)に起因しており、そこでは排泄物が「肉体の死んだ生命」(ibid., 同頁)とみなされ、その排泄物を魔術によって浄化し、不滅の生命を取り戻したいという「排泄的魔術」(ibid., 邦訳三〇三頁)の欲動が潜んでいる。その無意識の欲動が肛門と排泄物に対する執着となって発現するのだ、と。

ノーマン・ブラウンは、一八世紀のヨーロッパで人間や動物の排泄物の蒸留が「無数の花の水」(ibid., 邦訳三〇三頁)として売られていたというエピソードを紹介する。動物には天性の清潔愛が見られるのに、なぜ人間に不潔や汚物に対する固着が見られるのか。それは排泄物を浄化することによって、死が避けられないみずからの肉体から脱して、永遠の生命を獲得したいという無意識の願望にある。

ブラウンは、古代の贈与経済の世界においても、死を回避し永遠の肉体的生命を求めようとする願望のゆえに、葬儀において汚物が連想され、「糞尿の堆積の中を転がりまわり……身体に汚物をなすりつけ」るという慣習を紹介する。そして同じようにして、「我々は黒い服を着るのである」(ibid., 邦訳三〇四頁)、と。ブラウンはさらに人類学者がとりあげたセリ・インディアンの「糞便常食の習慣」（ibid., 邦訳三〇四頁）を紹介している。つまり、排泄物に対する性癖は、死を回避しようとする人間の無意識の欲動がもたらす抑圧神経症の症状にほかならない。それは、人間の肉体を排泄物へと転化し、この転化によって肉体から解脱して不滅の生命を手に入れようとする欲動であり、地上の世界を「一つの宇宙的昇華の巨大な濾過器」（ibid., 邦訳三〇〇頁）に仕立て上げ、天上の世界へと脱出しようとする願望なのである。

ところが、死を回避し排泄物のうちに不滅の生命力を託そうとするこの願望が、〈生の欲動〉を抑圧し、〈死の欲動〉へとみずからを追いこむことになる。

> 死を受容しえないということは、死が、あらゆる正常な動物にとって生であると同時に死でもあるという現実から、皮肉にも人類を不可避的に追放してしまい、結果として生の否定（抑圧）となる。（ibid., 邦訳二八八―二八九頁）

そして、この肛門と排泄物に執着する〈死の欲動〉が、呪われた貨幣欲望を引き起こす。貨幣それ自体はなにかの役に立つものではなく、その意味で無価値なものである。その無価値なものをなぜひとは最高の価値あるものとしてひたすら追い求めるのであろうか。

この問いを、排泄物という無価値なものから最高の価値あるものとしての貨幣が生まれるという逆説においてとらえたのがフロイトである。

フロイト（「性格と肛門性愛」）は、古代からひとびとの日常意識において貨幣が排泄物と結びつけられて思考されてきたことに着目する。

いにしえの文化、神話、童話、迷信、無意識的思考、夢、そして神経症など、太古の思考法であったところ、ないし今なおそうありつづけているところでは、いたるところで、金銭と糞とのきわめて密接なつながりが見いだせる……たとえば、よく知られているように、悪魔が娼婦たちに贈る金貨は、悪魔が立ち去ったあとに糞に変わる……さらには、宝の発見を排便と結び付けている類いの迷信も知られているし「ドゥカーテン金貨を垂れ流す小人」の類いも、誰もがなじんでいるところである。（Freud S.［1908］邦訳二八四頁）

一三—四世紀のゴシック建築の柱や壁には、おしりの穴からドゥカート金貨をひり出す「小人」の像が彫られている。(5) 民話でも、鶏が金の卵を産んだり、ロバが金貨をひり出すという話が登場する。

では、なぜ貨幣は排泄物と結びつけられて思考されてきたのであろうか。

人間の肉体から排出される排泄物が魔術によって永遠の生命を獲得するという願望が、肛門からひり出される金貨が価値を増殖させていく貨幣欲動へと引き継がれるからである。幼児期において、糞便は贈り物やこどもと結びつけられイメージされているが、金銭に対する欲望は幼児には生じることはない。だが、フロイトは、大人の金銭欲望を、幼児の肛門性愛における排泄物への執着の昇華された姿としてとらえる。肉体から排出される糞便が永遠の生命を獲得する過程と、肛門からひり出される金銭がたえず価値を増殖する過程が重ね合わされるのだ。

フロイトのこの思考をノーマン・ブラウンはこう言い換える。

> 肉体の中にある生命が物の上に投影されればされるほど、肉体の中の生命の影は薄くなる。そして増大する物の蓄積は肉体の中の失われた生命を示す、より完全な目盛りである。
>
> (Brown N.［1959］邦訳三〇一頁)

フロイトは、肛門性愛と貨幣欲望の根底に〈死の欲動〉という無意識を読み取る。貨幣をかぎりなく増やすことに生のすべてを注ぐ生き方は、生命活動が肉体から排泄物へと転換されることを意味する。肉体から放出された排泄物が生命力を得て自己運動するように、肉体から排出された貨幣が生命力を得て自己運動を遂げる。この不朽の生命を求める運動は、生命活動を無機物に解消し、〈生の欲動〉を〈死の欲動〉へと還元する。無機物たる貨幣の自己増殖に生の永遠性を求める欲動は、快原理にもとづく生の充足をたえず先送りし迂回させる。この生の先送りと迂回をとおして、〈死の欲動〉が増殖しそれが破壊的な攻撃へと転ずるのである。

四　ジョナサン・スウィフトによる〈死の欲動〉の発見

ブラウンは、フロイトよりも早く肛門と排泄物のうちに死を回避しようとする人間の抑圧神経症を読み取った作家として、ジョナサン・スウィフトを挙げている。

スウィフトは、『ガリヴァー旅行記』第四篇「フウイヌム王国渡航記」において、いかなる動物よりも排泄物に執着するヤフーという動物とガリヴァーとの出会いを描いている。

ガリヴァーは海賊に船を乗っ取られ追放され上陸した国（フウイヌム国）で、縮れ毛で覆われた醜悪な動物に囲まれる。

この呪われた種族のうちの何匹かは、背後の枝を摑んで樹に跳び上り、私の頭上に排泄物を降らせ始めた。……あたり一面に汚物が降ってくる、まさしく悶絶しそうであった。

(Swift J.［1726］邦訳二三六—二三七頁)

このおぞましい虫けらを両手で摑んでいるとき、こいつが黄色い液体状の排泄物を私の衣服じゅうにぶちまけてくれた。

(ibid., 邦訳二八一頁)

このフウイヌム国では、馬が支配者で、フウイヌムという言葉を話す。馬は理性にしたがってこの国を統治する。フウイヌムは高貴で、理性的で、美徳を備えている。「彼らの大いなる座右の銘は、理性を培え、理性の統治にまかせよ」(ibid., 邦訳二八三頁)、である。それに引き替え、ヤフーは、不潔であるだけでなく、権力欲、金銭欲、情欲、不節制、悪意、嫉妬に満ちている。とりわけヤフーは金銭や宝石に意地汚く、それ以外のことについては無知蒙昧である。そして金銭や宝石をめぐって激しい奪い合いをする。「輝く石」をめぐるヤフーの行動についてガリヴァーはこう語る。

この国の幾つかの野原からはヤフーどもが猛烈に好む、何色かに輝く石がとれるが、その石の一部が地中にときどき埋もれていたりすると、それを引っぱり出そうとして朝から晩まで何日でも爪で掘り出しをやって持ち帰り、小屋にうず高く隠しておくのだが、仲間にその宝を発見されやしないかと、四方八方の警戒を怠らない。(ibid., 邦訳二七五頁)

この輝く石をめぐってヤフーのあいだで「のべつまくなしに熾烈を極める戦闘が起こる」。ヤフーのおぞましさは、「ともかく手に入るものは何でも貪り喰うあの無差別の食欲だろう」(ibid., 邦訳二七六頁)。

このヤフーという動物は、ほかならぬ人間のことである。ガリヴァーは母国イギリスの人間像をヤフーに投影して語る。かれは、フウイヌム国の馬を鏡にして、イングランドの人間像を顧みるのだ。

フウイヌムの国では、統治者である馬だけでなく、「すべての動物は大地の産物を分けてもらう権利がある」(ibid., 邦訳二六六頁)。これに対して、イングランドの世界では、争い、だまし合い、奪い合いが絶えない。イングランドでは、

> 本来必要なものの大半を他の諸国に送り出し、それと引き替えに病気と愚行と悪徳の材料を持ち帰り、それを自分のところで消費する。そうなると、民衆のきわめて多くが物乞いに、強盗、窃盗、詐欺にポン引き、偽誓に胡麻すり、買収、偽造、賭博に嘘つき、おべんちゃら、恐喝、票売り、駄文書き、星占いに毒殺、売春、口先き説教、それから誹謗、自由思想の叩き売り等々の稼業によって生きる糧を求めるしかなくなる。(ibid., 邦訳二六六頁)

自然の成果を平等に分かち合うフウイヌム国と、自由貿易の推進がひとびとの道徳的退廃・貧困・犯罪を増加させ、不平等と敵対関係を増幅するイングランドとが、こうして鮮明に対比される。さらに、ガリヴァーは、不潔で汚物に執着するヤフーが死を恐れるのに対して、フウイヌム国の馬が死を恐れずに、死を自然のこととして受け容れることに気づく。

彼らにとっての死とは、大きな事故がなければ、老衰による死があるのみで、なるたけ眼につかない場所に埋葬されるのだが、死への旅立ちとはいっても、友人、家族とも喜びや悲しみ

を露わにするわけではないし、死んでゆく当人も、隣人のところに出かけて帰って来るときのようなもので、いささかも未練がましいところを見せるわけではない。(ibid., 邦訳二九一頁)

かれらは死ぬことを「ルヌウンした」と言う。それは「原初の母のもとに帰る」(ibid., 邦訳二九一頁)という意味で、「これからどこか遠いところに赴いて、そこで余生を送るつもりでいると言い残すかのように、友人たちに厳粛な別れを告げるのである」(ibid., 邦訳二九二頁)。

排泄物への執着、死に対する恐怖と死の回避の願望、金銭への執着、たがいの敵対関係の増幅、といったヤフーの性向をとおしてスウィフトが語ろうとするものこそ、〈死の欲動〉にとりつかれた〈生の欲動〉である。死を回避し排泄物のうちに不滅の生命力を託そうとするこの願望が、〈死の欲動〉に支配された〈生の欲動〉という抑圧神経症を生み出すのである。

五　ケインズの貨幣認識――貨幣欲望批判

それゆえ、貨幣欲望には、無機物へと回帰しようとする〈死の欲動〉が内包されている。ドスタレール/マリス[2009]によれば、経済学において、貨幣をこの〈死の欲動〉をはらんだものとして認識したのが、ジョン・メーナード・ケインズであった。ケインズは「呪うべき黄金欲」(一九三〇年九月)において、金が価値保蔵の手段として最終的に勝利を収めて金本位制度が成立した根拠をフロイトの言説に求めている。

フロイト博士は、われわれの潜在意識の奥深くに、金がとくに強い本能を満たし、象徴として役立っている固有の理由がひそんでいると述べている。大昔にエジプトの聖職者たちが政略のためにこの黄色い金属に吹きこんだ魔性を、金はずっと一貫して少しも失わずにきた。

（Keynes J. M.［1936b］邦訳一九二頁）

経済学において、貨幣は、商品交換を仲立ちする道具として、つまり交換手段として、とらえられている。だが、貨幣には、それ以上のものが、ひとびとの欲望や恐怖が、まとわりついている。ひとびとは貨幣を、生を享受するための道具＝手段として利用するのではなく、貨幣それ自体を富とみなし、貨幣の獲得を自己目的として生きる。この生き方によって、ひとびとは生の享受を否定しその実現を未来へとたえず先送りする。この貨幣の際限なき増殖欲望が、近代の時間概念を支配する。ケインズは「わが孫たちの経済的可能性」［1930］において、貨幣を自己目的とする生き方が、現在の時間をつねに未来へと先送りし、現在における生の享受を永遠の未来に葬り去る、と言う。

利子をつけて金を貸す者は「自分たちの行為の遠い将来の結果に関心」を抱く。だが、そのような関心は、「自分の行為にたいする自分の関心を将来に押し広げることによって、自分の行為にたいして見せかけだけでごまかしの不朽性を手に入れよう」（Keynes J. M.［1930］邦訳三九七頁）とすることにほかならない。この「ごまかしの不朽性」によって、ひとは不死の幻想を生きることになり、現在の生の享受（エロス）を放棄する。

ノーマン・ブラウンが言うように、「資本主義の力学は、〝常に延期されている未来〟に到る快楽の延期」（Brown N. [1959] 邦訳二七八頁）である。それは、生の享受を否定して死を密かに招き寄せることを意味する。

貨幣欲望が〈死の欲動〉をはらんでいることを端的に示すために、ケインズはミダス王の説話を好んだ。ミダスは神からすべてのものを黄金に変換する能力を授かった。だがその能力を手に入れることによって、ミダス王は自分が触れるものすべてが黄金に変わってしまうことに気づいて愕然とする。最愛の娘が、乾きや飢えを癒す飲み物や飲料水が、黄金という無機物に変質する。黄金欲望の呪いにとりつかれるとき、ひとは生のすべてを失い、死の破局を迎えることになる（ケインズのミダス王については、ドスタレール／マリス［2009］が邦訳九二―一〇八頁で言及している）。

ケインズにとって、貨幣を自己目的とする到富衝動は、〈死の欲動〉にとらわれ生の享受を否定して生きる精神病理的症状であり、私益のために社会を破壊する犯罪的な行為であった。

さらに、この貨幣の自己増殖に奔走するひとびとは、個体性を失って集団感染する模倣欲望にとらわれた存在となる。ケインズ『雇用・利子および貨幣の一般理論』［1936a］は、株式市場におけるひとびとの行動様式を美人コンテストの投票行動の事例を引き合いに出して巧みに説明する。株式市場では、ひとびとは自己の理性的判断に依拠して行動するのではなく、他者の判断を見抜こうとするゲームに参加する。そして集団における平均的な判断を見抜いた者がゲームに勝利する。

ケインズよりも早く、フロイトはこのような群衆行動の心理を洞察していた。フロイトの「集団心理学と自我分析」〔1921〕によれば、群衆は多数者の判断に自己を合わせる性向をもっており、その判断がかぎりなく感染していく傾向をもつ。将来がまったく不確実ななかで苦悩と死を避けようとする群衆は、もっとも平均的な世論を参照し、他者の欲望を模倣する。その模倣はかぎりなく感染し、群衆を特定の方向に導く。模倣だけが苦悩と死から逃れるための唯一の光だからである。

ケインズはフロイトのこの群集心理の分析を株式市場の集団心理の分析に援用した。株式市場とは、正統派経済学が唱えるように、理性的個人（ホモ・エコノミクス）が自己の欲求を最大化するようにして合理的判断を下す場ではなく、模倣欲望が感染する場である、要するに、フロイトも、ケインズも、ルネ・ジラール『暴力と聖なるもの』〔1972〕が人間の欲望のうちに洞察した模倣欲望の論理を先取りして提示していたことがわかる。

この模倣欲望から脱してひとびとが自己の個体性を獲得するためには、なかば精神病理的でなかば犯罪的なこの貨幣欲望を克服する必要がある、とケインズは言う。模倣欲望から解放されたひとは、「明日のことなど少しも気にかけない人」であり、「この時間、この一日の高潔で上手な過ごし方を教示してくれる人」である。それは生活のために「物事のなかに直接のよろこびを見いだすことができる人、汗して働くことも紡ぐこともしない野の百合のような人」（Keynes J. M.〔1930〕三九九頁）だ。貨幣欲望に呪われた株式市場の人間ではなく「野の百合」のうちに個体性を見いだすケインズの思考は、ほかならぬフロイトの群集心理分析に依拠していることがわかる。

だが、ケインズは貨幣欲望を病理的で犯罪的な現象だとこき下ろし、貨幣欲望にとりつかれた金利生活者を安楽死させ、貨幣欲望から解放された世界を望んだにもかかわらず、貨幣欲望が社会の富の増進にとって欠かすことのできないものだと主張し、貨幣欲望をいわば利用して貧困を克服し人類の自由を実現する道を構想していた。ケインズは、フロイトと同様に、〈死の欲動〉のエネルギーを利用することによって〈生の欲動〉を昂進する道を探ろうとしたのである。その意味で、われわれはケインズの経済理論と経済政策のうちにフロイトの欲動論の経済学的展開を読み取ることができる。

ケインズにとって、貨幣欲望は資本蓄積を推進するための重要な原動力であった。貨幣欲望は極端な不平等をもたらすが、同時にそれは資本蓄積を推進することによって、社会全体の富の増進に貢献する。

「平和の経済的帰結」［1919］において、ケインズはこう語る。一九世紀の資本主義においては、分配の不平等が顕著で富が富者に集中したが、この富の不平等な分配と集中こそが資本の蓄積を可能にしたのだ、と。というのも、富を手にした富者は、その富を自分の享楽のために消費するのではなく蓄積に振り向けたからである。もし分配が平等に行われていたならば、すべてのひとびとが富を消費に振り向けてしまい、固定資本の蓄積などは起こらなかった。富者にパイの多くが分配されそのパイを富者が享楽ではなく投資に振り向けることによって、はじめて資本蓄積は推進される。

この蓄積によって、富の不平等な分配は「社会全体の利益」（Keynes J. M.［1919］邦訳一四頁）となる。富者がパイを消費ではなく、投資に振り向ける動機は何か。より多くの貨幣を獲得するためである。直接の快楽を求めて消費するのを禁欲してその快楽を迂回させ引き延ばして投資に振り向ける。より多くの貨幣を求める貨幣欲望は、より多くの生産を求める産業資本の投資活動に内面化される。マルクスが語るように、産業資本家とは合理的な貨幣蓄蔵者なのだ。

この貯蓄を美徳とし、成長を推進する宗教倫理を提供したのがピューリタニズムであった。ピューリタンは節欲と勤勉を倫理として現世を生き、その代償として来世における神の救済を手に入れる。つまり、ピューリタニズムは、貨幣欲望（「死の欲動」）を内面化する倫理である。ピューリタンは、生の享楽をつねに未来へと先送りし、死後に墓場で神に救済されることを信じて生きる合理的な貨幣蓄蔵者である。ケインズはピューリタニズムに支配されたヴィクトリア朝道徳を激しく批判したが、この倫理を活力とする資本蓄積によって成長を推進することこそが、未来において人類が〈生の欲動〉を実現する道なのだ、と説く。それは、貨幣欲望という〈死の欲動〉を駆動力とした成長の追求によって生存のための経済からの人間の解放を勝ち取ろうとする道であった。

資本蓄積と技術革新によって生産性の上昇が続くならば、「進歩的な諸国における生活水準は、今後一〇〇年間に現在の四倍ないし八倍の高さに達する」（Keynes J. M.［1930］邦訳三九二頁）であろう。そうすれば、ひとびとは経済的な必要に迫られて労働する時間が短縮され、生を享受するという人間の「真に恒久的な問題」（ibid., 邦訳三九五頁）に取り組むことができるようになるであろう。

もしケーキが、切り分けられず、……幾何級数的な比率で成長していくことが許されさえすれば、恐らく、遂にはみんなに行きわたるほど十分になり、子孫がわれわれの労働を享受しうるようになる日が到来するに違いない。

(Keynes J. M.［1919］邦訳一五頁)

ケインズは貨幣欲望が〈死の欲動〉であることを熟知しながら、この〈死の欲動〉を駆動力とした経済成長の推進によって〈死の欲動〉を制御し、その成長の成果を生の享受につなげようと考えたのだった。

ケインズが一〇〇年後のわが孫たちに託したこの希望は、はたして満たされることになったのであろうか。今日進展するグローバリゼーションの破局的危機は、明らかにその希望を裏切っている。世界は貨幣欲望という〈死の欲動〉を制御するどころか、いたるところで〈死の欲動〉によって充たされている。ケインズが安楽死させようとした金利生活者は、死滅するどころか、金融派生商品の投機的取引、不動産取引をとおして世界中にはびこり、産業資本家による産業利潤をはるかに上回る巨額のレントを手にしている。グローバリゼーションと世界金融危機は、ひとびとに経済的必要性から解放された生の享受をもたらすどころか、ひとびとを貧困と暴力の渦に巻きこみ、ひとびとの人間関係をずたずたに切り裂いている。

ケインズの予測では、かれの孫たちの時代には、最富裕層のひとびとが率先して貨幣欲望と手を切り、生の享受のために自由時間を使うようになるはずであった。二〇世紀の初頭、ロンドンのブルームズベリー街区に集住した作家・画家・評論家・研究者の〈ブルームズベリー・グループ〉と呼ばれる知的集団は、ヴィクトリア王朝の厳格なピューリタニズムの精神から解放された生の享受を追求した。ケインズはそのグループの中心メンバーであった。しかし、二一世紀前半を生きる現代の富裕層は、〈ブルームズベリー・グループ〉に続こうとするどころか、その逆に、いまなお黄金欲望のとりこになって、レントのさらなる獲得に没頭している。

〈生の欲動〉が〈死の欲動〉を制御し、後者の力を利用することによってみずからの望みを達成するのではなく、その逆に〈生の欲動〉に潜んでいた〈死の欲動〉のほうが〈生の欲動〉を利用してみずからの勝利を収めつつあるのではないか。フロイトの危惧がいまほど切実になったときはない、ドスタレールとマリスはこう言う。

〈死の欲動〉に突き動かされた攻撃的暴力が〈生の欲動〉を圧倒して噴出する資本主義の破局的危機にどう向き合うべきか。人類は資本主義と手を切ることができるのかどうか。それは人類と地球の存続がかかる重大な問いである。

注

（1）Dostaler G./Maris B.,［2009］は、この書が執筆されたリーマン・ショック期の世界資本主義の危機を、グローバリゼーション、世界金融危機、レント化というこの三つの現象において読み取っている。

（2）日本語版『フロイト全集』二〇の訳注によれば、一九三〇年に公表されたこの論文「文化の中の居心地悪さ」に、「だが、その成否……」という最後の一文が「一九三一年に付け加えられた。すでにヒトラーの脅威が明らかになりつつあった時代である」（同、三一二頁）と記されている。フロイトが没する八年前のことである。

（3）著者の一人であるB・マリスは、本書を執筆して数年後の二〇一五年一月七日、シャルリー・エブド社の会議中に襲撃を受け射殺された。かれは、みずからの死によって、グローバル資本主義がはらむ〈死の欲動〉の概念の証人になったかのようである。

（4）ノーマン・ブラウンは、排泄物が有する象徴的多義性についてのフロイトの論述に言及している。『エロスとタナトス』［1959］邦訳一九七頁を参照されたい。

（5）この「小人」の像の話しは、阿部謹也［1981］でも、挿絵入りで紹介されている。

第2章　商品の物神性と〈死の欲動〉——フロイトで読むマルクス

一　商品世界と〈死の欲動〉——価値抽象の暴力

フロイトとケインズが貨幣欲望のうちに〈死の欲動〉という無意識の世界を読み取ったのに対して、マルクスは貨幣の発生史的過程をたどり、商品世界における商品の価値表現の運動のうちに〈死の欲動〉という無意識の世界を洞察した。

商品世界においては、無数の商品が自己の価値を他の商品との価値関係をとおしてたがいに表現しあう。そして、この価値表現の運動のなかから、ただ一つの商品を普遍的等価として排除し、他のすべての商品がそのただひとつの商品で自己の価値を表現する。諸商品は、そうやってたがいの価値同等性の関係をうちたてる。この普遍的等価たる商品が貨幣としての地位を得る。つまり、諸商品は、普遍的等価たる貨幣を産出することによって、はじめて商品として自己を生成させることができる。

では、なぜ商品はそのような価値表現の運動を展開するのか。商品世界における価値表現の運動は、私的諸労働が自己を社会的労働として生成させる過程にほかならない。私的諸労働は商品の価値表現の運動を介して、自己の具体的な有用性格を捨象し、抽象的・一般的な性格への還元をとおしてはじめて自己の社会的性格を獲得することができる。だから、商品の価値とは、この抽象的な人間労働が物象の姿をとって対象的形態でたち現れたものにほかならない。マルクスは私的諸労働の社会的関係が商品という物象の社会的能力(つまり商品価値)としてたちあらわれるこの状態を「商品の物神崇拝」と呼んだ。

商品の価値表現の運動とは、私的諸労働が社会的な関係を結ぶための仲立ちをする物象の運動にほかならない。そして、このような物象の社会的な関係の組織化をとおして私的諸労働の社会的な関係を組織する商品世界は、その世界に固有な暴力を内蔵している。私的所有にもとづく私的諸労働の社会的関係の編成にとって障害となるあらゆる社会諸関係を解体する、という暴力作用がそれである。

商品の価値表現の運動に先立ってひととひととが協働と連帯にもとづいてたがいに関係を結ぶ社会状態が存在する場合には、商品世界が普遍的にたちあらわれることはありえない。商品世界が普遍的に成立するためには、ひとびとが物象の社会的関係に先立ってたがいに結合するあらゆる社会諸関係を解体し、たがいが孤立し相対立する私人として向き合う社会状態が求められる。

マルクスはそのことを読者に理解させるために、商品章の第四節「商品の物神的性格とその秘密」で、私的諸労働の社会的関係が商品という物象の価値として表象される神秘的で魔術的な商品世界から解放された世界を読者に提示する。孤島で一日の自己の労働時間をさまざまな作業に配分して暮らすロビンソン・クルーソーの生活、農奴と領主、家臣と封主、俗人と僧侶といった人格的な隷属関係が支配するヨーロッパ中世の世界、農民家族が家族成員のあいだの仕事を性別、年齢別に割り振って自然性的な分業を営む農村社会、そして、ひとびとが共同の意志をもって協議し、それぞれの個体的労働力を自覚的に社会的労働力として支出する自由人の連合の社会（コミュニズム）、がそれである。

とりわけ、この四つの事例のなかでヨーロッパ中世社会と農村社会は、西欧に近代の資本制生産が出現する以前に現存した諸社会であった。商品交換が普遍的に成立する社会が出現するためには、資本制生産の歴史的前提としてのこれらの社会が解体されなければならない。

注目すべきことは、『資本論』初版では、中世社会と家父長的農民家族の例示はなかった、ということである。ドイツ語版第二版とフランス語版において、マルクスはこの二つの例示を新たに加えた（平田清明［1971］三六五―三六六頁参照）。この二つの例示が加えられたということは、たんに商品論で論ずる商品世界が成立するための歴史的前提条件が明示されたことを意味するだけではない。商品世界がこれらの歴史的前提とされる諸社会に向けて発動する暴力性が明示されたことを意味する。

商品形態が価値抽象という物象の社会的力能を獲得するようになるためには、物象による社会的な関係の組織化を妨げているあらゆる人格的・身分的な社会諸関係が解体されなければならない。つまり、ひとびとが自然生的な共同体に帰属することをとおして自然とかかわる、本源的所有のあらゆる諸形態の解体が求められる。商品の価値抽象が支配する世界の成立は、それらの本源的所有の社会的諸関係を暴力的に解体する過程をそれ自身のうちに内蔵しているのだ。

この本源的所有の暴力的な解体の歴史過程は、これまで『資本論』第一巻末尾の資本の本源的蓄積の章において論じられるものとみなされてきた。資本と労働の交換にもとづく資本制的蓄積過程は、資本と労働とが結合している諸社会の解体を、直接生産者と生産諸条件との分離を前提とする。この分離の歴史過程が論じられるのが、『資本論』第7編「資本の蓄積過程」の第二四章「いわゆる本源的蓄積」である、と。

だが、『資本論』末尾で語られる共同体的な諸関係の暴力的な解体の必然性は、資本概念（資本・賃労働関係）以前に、商品の価値抽象が発動する暴力的作用のうちにすでにはらまれているのである。商品世界が普遍的に成立するためには、つまり私的諸労働の社会的関係をとおしてひとつの生産有機体を組織する世界が成立するためには、商品を介することなくひとびとが社会諸関係を結ぶ本源的所有にもとづくあらゆる社会が解体されなければならない。商品世界はその内部に本源的所有を解体する暴力性をはらんでいる、マルクスが商品の物神性を論じて語ろうとしたことはそのことでである。

商品世界は、たしかに、古典派経済学が洞察したように、商品交換を介して私的諸労働の社会的関係を普遍化し、社会的分業を発展させることによって、国富を増進する。つまり、商品交換とは、直接的消費による生の享受を禁欲して、自己の労働の生産物を他者に譲渡し、他者の労働の成果をわがものとして領有する過程を経由することによって、生の享受を将来に先送りする。そして、その先送りによって、より豊かな生の享受をめざす。これはフロイトの表現を借りれば、〈生の欲動〉を迂回させ先送りして、より豊かな生を享受しようとする「現実原理」の行動である。

だがこの商品交換の普遍的発展は、マルクスが商品の物神性論をとおして喝破したように、同時に、その発展にとって障碍となる本源的所有の社会諸関係を解体する暴力を不可避的に内包する。商品交換の世界が、地域を越え、国境を越え、地球的な規模で拡がれば拡がるほど、この暴力の発動は激しいものとなる。西欧における商品文明は、そのようにして非西欧地帯の多様な農村共同体の社会諸関係を破局に追いやった。

マルクスは商品世界の価値抽象が発動する暴力作用を洞察することによって、フロイトが〈生の欲動〉のうちに読み取った〈死の欲動〉を事実上看取したのである。〈生の欲動〉を迂回させる「現実原理」の展開は、〈死の欲動〉をそのうちにためこみ、その蓄積がやがて巨大な破壊力となって暴発する。それと同じようにして、商品世界の発展と拡大は、社会的分業を発展させ国富を増進して富裕をひとびとに波及させると同時に、その運動をとおして、ひとびとの協働と連帯にもとづく諸関係を破壊し、生活文化を解体しひとびとを分断し孤立化させ、追放と放浪の状態に追いやる破局的な暴力を発動する。マルクスは、このようにして商品世界の自由で平等な交換関係という社会的な表象がその深層にはらむ〈死の欲動〉を探り当てたのである。

マルクスは貨幣を論じて、貨幣を富の絶対的定在としてとらえることによって、ケインズと同様に、黄金欲望がはらむ〈死の欲動〉を洞察したが、それだけでなく、この黄金欲望をさらに商品形態の次元にまで掘り下げる。そして、商品の物神崇拝の概念を発見することをとおして、商品の価値抽象が発動する暴力を洞察し、商品世界がはらむ「死の欲動」概念を事実上読み取ったのである。(1)マルクスの商品の物神性批判を〈死の欲動〉の展開として了解することは、こんにちのグローバル資本主義の破局をその根源において解読することである。

二　近代市民社会における群集心理と〈死の欲動〉

われわれが暮らす近代市民社会は、商品という物象が価値抽象の力を発動する物神崇拝の世界に立脚している。したがって、ひとびとの市民としての相互の人格的自立性は、物象的依存の関係によって媒介されている。

身分的秩序（人格的依存）の拘束から脱した人格的非依存の世界は、諸個人の自律を促し、諸個人間の自由で平等な関係をはぐくむ。この関係は、商品交換の発展を基盤にした交換的平等を正義とみなす理念を育て、私的所有者の利己心を動因とし、その利己心をたがいに共感しあう社会感情を培う。商品交換の発展は、一物一価の価値法則の貫徹と、同市民的交通を動因として、市場取引を介した社会的分業を拡大し、生産諸力の普遍的な発展を促す。こうして、身分的拘束から解き放たれた諸人格がたがいに自発的に自由で平等な関係を築き、この関係をとおして各個人の潜在的能力を最大限引き出す可能性が生まれてくる。

この市民社会の発展は、資本の価値増殖の運動がはらむ階級的対立をのりこえ、諸個人が私的原理から脱して、自己の個体的能力を社会的能力として自覚的に組織する自由人の連合の世界へと通ずる道を切り開く。マルクスは『資本論』第一巻末尾の「資本蓄積の歴史的傾向」において、この傾向を「個体的所有の再建」として語り出し、商品の物神崇拝を乗り越えるコミュニズムの世界を展望した(2)。

だが近代市民社会は、このような私的諸個人における社会的個体性の全面的な発展と自由人の連合の可能性を拓くと同時に、もうひとつ別の可能性を切り開いた。物的依存関係に媒介された人格的非依存の関係は、人格的に自立した私的諸個人が心理集団を媒介にして群衆としてみずからを組織するという、人格的依存の社会には見られなかった集団形成の道がそれである。そして、心理集団として組織されたこの群衆は、他者に対する恐るべき攻撃的暴力を発動する。それは〈死の欲動〉によって突き動かされ、全体主義、および社会の破局へと通ずる道である。フロイトは近代世界がこの暴力を解き放つ道を拓いたことを洞察し、その行く末に深い懸念を抱いたのである。

前節で見たように、商品の価値抽象が発動する暴力は、本源的所有にもとづくひとびとのあらゆる社会的諸関係を解体し、ひとびとは共同性を奪われた抽象的で、私的な存在へと還元される。その結果、私的な諸個人は、慣習・伝統・儀礼などの社会規範から解放される。だがそれゆえに、近代市民社会において、ひとびとはそのような伝統的な社会規範という集団的な拘束に代わって、無意識下における新しい集団的な拘束を受けることになる。私的諸個人は、社会心理という唯一の「接着剤」(Freud S.［1921］邦訳一二三頁)を媒介にした集団形成という、特異な拘束を受けるようになるのである。

この社会心理的な接着剤は、他者に対する激しい攻撃欲動をはらんでいる。フロイトは、一九二〇年に著わした「快原理の彼岸」において〈死の欲動〉の概念を提示するが、その翌年に「集団心理学と自我分析」を著わし、〈死の欲動〉とのかかわりにおけるひとびとの集団的心理現象を考察する。

フロイトは、まず集団心理学を、ひとびとがさまざまな集団として組織されたときの心理現象を扱う学として定義している。集団心理学とは、「個々の人間を、ある部族、民族、カースト、身分、機関の一員として、もしくは、ある時点で特定の目的のために集団的に組織された人間の集積の構成部分として取り扱う」(ibid., 邦訳一一三〇頁)学である、と。

注意すべきことは、ここでの集団とは、「自然な連関がばらばらにされた後で……姿を現わす現象」であり、そこで表出する特殊な「社会的欲動－群棲本能、集団の心」(ibid., 邦訳一一三〇頁)が問われている、ということである。

つまり、フロイトが考察している集団心理とは、人間一般の集団心理ではなく、近代市民社会において共同性を奪われた私的存在としての個人が、集団を形成するときに生じてくる特異な集団心理なのである。身分制秩序の拘束から解き放たれた個人は、共同性を喪失した孤立した個人として思考し行動する。だが、その孤立した個人が社会心理を唯一のきずなとする心理的集団として自己を組織するとき、そこに伝統的な集団とはまったく異なった思考と行動が出現する。

フロイトは、そこでギュスターヴ・ル・ボンの『群集心理』(一八九五年)を援用する。ひとびとは「集団へと変形されたという事情さえあれば、それらの個人は、ある集合的な心の持ち主となり、その心のおかげで彼らは、各人が一人で感じ、考え、行動するのとはまるで違った仕方で感じ、考え、行為するようになる。集団へとたばねられた個人のもとでしか現れず、行為に転化されることもないような観念や感情も存在するのである」(フロイトによるル・ボンの引用文、ibid., 邦訳一三二頁)。ル・ボンも、フロイトも、ともにここではひとが「一人で感じ、考え、行為する」場合と、その個人が「集団へとたばねられた個人」になった場合の観念や感情とを対比している。近代市民社会において、共同性を奪われた私的諸個人は、心理的な集団へと自己を組織し、その組織化によって私的個人としてはもちえなかったまったく異なる観念や感情を獲得するようになる。かれらが着目するのは、このような私的諸個人が創出する集団心理なのである。

近代市民社会における私的諸個人は、マルクスが洞察したように、同市民的交通をとおして資本と労働との階級関係へと組織される。そしてこの階級対立の展開をとおして、その階級関係をのりこえたアソシエーションの主体的担い手として自己を組織する。

これに対して、フロイトの精神分析が洞察したのは、近代市民社会の私的諸個人が特殊な接着剤を介して心理的な集団として自己を組織する可能性だったのである。

では、私的諸個人が心理集団として組織されたときに、そこにどのような変化が生じてくるのか。そこでは、無意識の現象が重要な役割を演じ、ある感情や行為が群衆のなかで伝染しやすくなる。ひとは、それぞれの人格的特性を失って、暗示されやすくなり、一種の催眠状態に陥る。フロイトは、ル・ボンにしたがって、「集団の中に身を置く個人」の特徴を、「意識的な人格性の喪失、無意識的な人格性の優位、思考や感情が暗示や伝染によって同一方向に向けられること」(ibid., 邦訳一三六―一三七頁) と要約する。ル・ボンは、この集団に組織された個人を「意志を欠いた自動機械」(ibid., 邦訳一三七頁) と表現する。

フロイトは、ル・ボンが「自動機械」と呼ぶ集団的個人を突き動かすもののうちに、無意識の欲動を読み取る。

> 集団は衝動的で、変わりやすく、刺激されやすい。集団は、ほぼ全面的に無意識によって動かされている。(ibid., 邦訳一三八頁)

この無意識の欲動こそ、〈死の欲動〉である。「集団化した個人が寄り集まると、個人としての抑制がすべて消え去り、個人の中に原始時代の残滓としてまどろんでいた残虐で破壊的な本能がすべて存分に欲動充足されるべく呼び覚まされる」(ibid., 邦訳一四〇頁)。

フロイトが引用するル・ボンも、集団化した個人が「野蛮人」としての相貌を帯びることを指摘している。

組織された集団に属するというだけで、人間は、文明の段階を幾段も下ってしまう。ばらばらの状態では、彼はおそらく教養ある個人だったのだろうが、集団の中では一人の野蛮人、つまり欲動に従う存在である。原始的な存在のもつ自発性、激情、粗暴さを、さらには、熱狂や英雄的精神をも彼はそなえている。(ibid., 邦訳一三七—三八頁)(3)

集団に組織された個人のなかからたちあらわれてくるこの「野蛮性」は、近代市民社会における私的諸個人が心理集団として組織されたときに発動されるこの社会の無意識の欲動であって、近代社会に先行するいわゆる先近代社会の社会意識ではない(ル・ボンはそのように考えているようであるが)。むしろ、その野蛮性は、近代市民社会における物的依存にもとづく人格的非依存の関係が個人に強いる集団的特性にほかならない。それは近代資本主義文明にはらまれる固有の野蛮性なのである。

わたしたちは、ここに商品世界が発動する先近代とは異質な暴力性を発見する。マルクスは近代社会における人格相互間の自立性（人格的非依存）が全面的な物象的依存関係によって補完されることを洞察したが、この物象的依存関係は、同時に私的諸個人が群集心理に媒介された集団形成によって補完されるもうひとつの可能性を切り開いたのである。この商品世界がはらむ集団的暴力（この暴力はとりわけ植民地主義、侵略戦争において、人種主義のイデオロギーをともなって暴発する）は、人格的依存に立脚する先近代社会における経済外的強制の暴力とは比較にならない規模の残虐性を帯びる。

商品の物神崇拝を自明のものとする世界を生きる私的諸個人は、商品の呪術性に支配される。それゆえ、そのような私的諸個人が心理集団に組織されるとき、彼らは言葉の呪術性に支配される。フロイトは、ひとびとが言葉や言い回しにはらまれる超自然的な力に縛られていることを強調する。

> 集団は、言葉のもつまぎれもなく呪術的な力の支配下にある。　(ibid., 邦訳一四一頁)

近代の商品世界とは、市場における商品取引を介して私的諸労働の社会的関係が組織される物的依存の世界であるが、この市場の取引は、正統派経済学が想定するような独立した経済人の合理的判断によって遂行されるのではない。そこには、集団に組織された個人が暗示や感染によってみずからの思考や感情を左右される群集心理がたえず介在している。貨幣欲望のうちに〈死の欲動〉を読み取ったケインズは、それゆえ株式市場のうちにこの群集心理の支配を読み取る。『雇用・利子および貨幣の一般理論』の第一二章で金融市場における投機的行動を論じたケインズは、金融市場が各人の合理的な判断の集合によって組織されるのではなく、模倣欲望と感染によって支配された群衆の行動によって組織されていることを見抜く。

ケインズの市場とは、盲目で、盲従する、無知で、愚かな群衆であり、パニックにつきしたがい、パニック自身が引き起こすあらゆる運動、つまりあらゆるうわさの狂気に敏感に反応する群衆である。

（Dostaler G./Maris B., ［2009］邦訳一二〇―一二一頁）

この群衆心理が、他者への憎悪をかき立て、集団的パニック現象を惹起し、全体主義的指導者を渇望する。近代市民社会とは、共同性を奪われた私的諸個人が集団心理の形成をとおして、群衆として組織される社会なのだ。そうであるかぎり、近代市民社会には、人種排外主義、ジェノサイド、ヘイトスピーチ、ポピュリズムの熱狂がつねにつきまとう。

むすび――世界の破局的危機か、グローバルな連帯か？

商品世界がはらむ〈死の欲動〉への着目は、近代市民社会が内包する破局と解放の両義性をその根源において照らし出す。

商品世界の物的依存の社会関係は、ひとびとの相互扶助と連帯の社会諸関係をかぎりなく解体して、孤立した私的諸個人の物象的連関の世界を普遍化し、その物象的連関が切断されたとき、そのリスクの世界的規模の波及によって人類と地球に破局的な危機をもたらす。

原子力発電の炉心溶融事故、核戦争、世界金融危機、地球の温暖化といったグローバル・リスクは、そのいずれもが商品世界の物的依存関係の深まりをその発生源としている。商品物神の価値抽象が支配する世界は、その世界に固有な暴力を普遍化するメカニズムを内包しているのである。

そして、この物象の価値抽象が発動する暴力は、社会心理に媒介された群衆の攻撃的暴力を誘発する。相互依存と連帯の共同性を喪失した私的諸個人が、物象的連関の切断に直面したとき、その不安の意識が群集心理を発揚し、群衆として組織された個人のうちに「情動性の昂揚」(Freud S. [1921] 邦訳一四八頁)を喚起し、他者に対する憎悪の感情をかき立て、心理集団が無制限の力を備えているという錯覚を引き起こすことによって、他者に対する攻撃的暴力を増幅させる(ミシェル・フーコーが生権力と人種主義の親和性において読み取ったのも、この攻撃的暴力である)。

こんにちのグローバル資本主義は、地球的な規模での物的依存関係を組織することによって、国民国家間、地域集団間、宗教・人種・民族・言語集団間の心理的憎悪の感情をかきたてている(本書第Ⅱ部の一「方法としての市民社会」の1「市民社会の複合的表象とコンフリクト」で言及したメアリー・カルドーの「ポストモダンの市民社会像」は、グローバル市民社会が発動するこのような心理集団が生み出す社会像である)。商品世界における物象的連関が呼び起こすリスクは、このように近代市民社会における社会心理集団の形成を介した攻撃的暴力を誘発する重要な契機となる。

マルクスが展望した、物象的依存の関係を脱した自由人の連合の世界は、近代市民社会におけるこのような社会心理集団と対決しつつ、連帯と協働による諸個人のアソシエーションを組織することによってはじめて到達可能なものである。物象的依存関係のなかにはらまれる生産の社会化(株式会社、協同組合、結社など)が自動的にコミュニズムの到来を保証することはありえない。近代市民社会は、その内部に社会心理という接着剤を介した攻撃的暴力を発動し、全体主義、ヘイトクライム、排外主義といった敵対関係を醸成する土壌を内包している。それは世界的規模での破局的危機を惹起する源泉でもある。

このような心理集団の組織化に対抗する言説と社会感情をはぐくみ、そのような組織化を食い止める連帯と相互扶助の文明をはぐくむ社会闘争をとおしてのみ、自由人の連合という展望は切り開かれる。

地球と人類の破局か、自由人の連合か、という商品世界が切り開く歴史的選択は、フロイトが警告したように、後者の道を保証してはいない。われわれはますます深刻化する前者の道へと引きずり込まれつつあるのではないか。商品概念にはらまれる〈死の欲動〉に向き合うことなくして、コミュニズムの展望を拓くことはできないのではないか。マルクス生誕から二〇〇年以上が経過した今日、われわれがマルクスの思想をとおして現代世界に読み取るべきことは、この深刻な危機認識ではないだろうか。

〈付論〉関東大震災における朝鮮人・中国人虐殺はなぜ起きたのか

一九二三年九月に関東大震災が発生したとき、関東地域の日本人民衆は「朝鮮人が井戸に毒を入れた」という流言飛語をまき散らし、多くの朝鮮人・中国人を襲撃し虐殺した。大地震による突然の死者の大量発生と帝都の崩壊によって、近代化とともに共同性を喪失しつつあった地域住民は、寄る辺なき状態に陥り、不安と恐怖心が募る。そして、新聞などの通信網が途絶えたとき、その不安感と恐怖心が流言を唯一の集団のきずなとして集結し、武装した自警団を組織して、「朝鮮人殺せ」のかけ声とともに、関東の各地で襲撃と虐殺をくりかえした。

このジェノサイドの発生源は、社会危機に遭遇して日常的な集団のきずなを断ち切られた日本人住民がその不安と恐怖をアジア民衆に対する憎悪に転化し、その憎悪を媒介としてみずからを心理集団として組織したことにある。加藤直樹［2014］が指摘するように、ふだん朝鮮人と具体的なつきあいのあった日本人は朝鮮人を守ろうとした。朝鮮人を襲撃した日本人住民は、朝鮮人との日常の交流がない状態で朝鮮人を〈憎悪の記号〉として表象し、その記号を唯一の接着剤とする心理集団を形成して襲撃行動を引き起こしたのである。

虐殺者は、朝鮮人の個々が誰かであるものを「敵＝朝鮮人」という記号に変えて「非人間」化し、それへの暴力を扇動する。

（加藤直樹［2014］、一四七頁）

他者を憎悪の記号として表象し、その表象を唯一の絆として結集した心理集団は、ひとりひとりの人格的特性を失って、暗示されやすくなり、個人としての抑制を失い、残虐な行動を平然とおこなう野蛮性を発揮する。

朝鮮人・中国人を〈憎悪の記号〉として表象する日本人の集団心理はどこから発するのか。一九一〇年の朝鮮植民地化を初めとする近代日本のアジア侵略の歴史がその根底にある。植民地主義は、商品世界がその内部から発動する私的利益の追求と共同体的諸関係の解体の暴力を発動する。そして、この暴力は、植民地主義を推進する側の不安や恐怖を誘発する。関東大震災発生の四年前の一九一九年に朝鮮で巻き起こった三・一独立運動では、日本の憲兵や軍隊によって七五〇〇名もの朝鮮人が虐殺された。このようなアジア民衆に向けた暴力の発動は、日本人の社会意識に加害のトラウマを刻印する。この不安や恐怖の社会意識は、大震災のような社会危機を契機として、アジアの民衆を敵視し〈憎悪の記号〉として表象する社会心理を呼び起こす。商品世界から発動される植民地主義の暴力が、日本人民衆の憎悪の集団心理を媒介として、アジア民衆に対する攻撃的暴力となってさらに増幅される。

この社会心理の増幅が、日本の近代化の歴史において重要な役割を担うことになる。関東大震災における日本人民衆による朝鮮人・中国人虐殺は、一九二〇年代に高揚する大正デモクラシーの運動の帰結であった。大正デモクラシーは人格的依存の関係から脱却した民衆の欲望を解き放つ。大正デモクラシーは、一九〇五年の日比谷焼き討ち事件を発端としている。このとき、帝都の民衆は、日露戦争終結のためのポーツマス条約に不満を抱き、東京の交番を焼き討ちする騒擾事件を引き起こした。この焼き討ち事件を担ったのは、都市の雑業層の民衆や中小の店主・工場主らの旦那衆であり、伝統的な身分組織から解き放たれ流動化しつつある都市住民であった。かれらは不満や憎悪の感情を集団的に組織し、そのエネルギーを暴発させる（子安宣邦［2016］参照）。そして、この都市住民の集団的エネルギーは、アジアの他民族に対する攻撃的な情動によって増幅され、国家の対外膨張政策を下方から推進する力となる。このエネルギーが一九二三年の関東大震災における朝鮮人・中国人虐殺となって暴発し、それがやがて一九三〇年代の日中戦争から「大東亜戦争」への歴史的道筋を開いていく。

憎悪の感情を唯一の接着剤とする心理集団の組織化の脅威は過去のことではない。二一世紀における今日の東京の路上でも、「朝鮮人殺せ」のヘイトスピーチは繰り返されている。また、パンデミック下でこの〈憎悪の記号〉は、感染症患者に、感染症を介護する医師や介護者に、さらに障がい者、高齢者、生活保護受給者などの社会的弱者に向けられている。虚偽の情報がたちまち拡散したり他者に対する攻撃的言辞が流布するインフォデミック現象も、近代世界の根源に潜む集団心理から発するこの暴力性がもたらしたものにほかならない。

注

（1）マルクスは、商品形態のうちにはらまれる暴力性を洞察することによって、商品世界が不可避的に産出する貨幣形態がはらむ暴力性をも洞察した。フロイトやケインズと同様、マルクスにも、貨幣と糞便との関係についての指摘が見られる。マルクスは、「貨幣と商品流通」の章で、「汚物は貨幣ではないが、貨幣は汚物であるかもしれない」（Marx K.［1962-64］邦訳九六頁）、として、無価値なものともっとも価値あるものとの対比性と同一性とを語っている。

（2）近代市民社会がはらむ自由・平等・人権の理念を私的所有、および商品・貨幣・資本という物神的規定性から解き放ち、その規定性を超えた個と類の関係を創造する可能性について、内田義彦の学問をとおして論じた山田鋭夫［2020］を参照されたい。

（3）ギュスターヴ・ル・ボン『郡衆心理』［1895］は、この書でフランス革命における「革命的群集の心理」を考察し、フランス革命がこの群集心理によってもたらされたものとみなす。

「革命は要するに群集心理の結果なり」（Gustave Le Bon［1895］邦訳一二〇頁）。

「人は群衆の成員としては孤立する時と大いに相異なり。其の意識的個性は、群衆の無意識的人格中に没了するなり」（ibid., 邦訳一二〇頁）

したがって、この群集心理のなかには民衆の「英雄的精神」もふくまれている。つまり、群衆が集団心理を接着剤として自己を組織するとき、そこには残虐な凶暴性と同時に、私的利益を超えた共同精神の発揚をも引き起こす可能性がともに秘められている。

あとがき——現代世界の破局をどう生きるか

世界同時危機はなぜ、どのようにして、発生するのか。

二〇〇八年の世界金融危機の経緯がそれを明かしてくれる。危機の発端は、米国における住宅債権（サブプライムローン）を証券化した債務担保証券取引の破綻であり、その破綻がもたらした米国の投資銀行の経営危機であった。そして、その米国の金融破綻が瞬時に世界金融恐慌へと発展する。なぜこのような危機の世界的波及が生じたのか。グローバル資本主義は、デリバティヴと呼ばれる金融派生商品によって世界をひとつに結びつけた。世界が投機を目的とした金融取引によって一元化された社会状態が出現したのである。しかしこのような社会状態は、自然発生的に生まれたわけではない。

金融取引の自由化政策は、実体経済から自立して資産バブルを生み出す回路を解き放った。この回路は、ひとびとがたがいに連帯と協働にもとづいてつながる、あらゆる社会諸関係を解体する暴力を発動する。地域における伝統的な相互扶助組織が解体され、グローバルな資金の流れを規制し公共の目的で回路づけようとする市民結社や社会的企業が衰弱させられる。

その結果、ひとびとはたがいに孤立した私的諸個人に分断され、投機目的の金融取引の資金循環という物象の社会的連関によってひとつにつながる。そして、たがいに敵対しあい、私益を追求する競争にかりたてられる。実体経済から自立した金融回路によってひとつにつながれた世界で、その金融取引の中心地であるウォール・ストリートで発生した金融危機は、その金融回路をつたって全世界に一挙に波及する。そして、そのリスクを防衛するための社会的な仕組みを奪われたひとびとが、そのリスクをストレートに被る。証券取引とは無縁な中小企業の経営者や労働者が、賃金不払いや倒産や失業の憂き目に遭う。

資産バブルの膨張をとおして推進される経済成長は、市場取引の外部におけるひとびとの連帯と協働の関係を破壊する暴力を内包している。資本の蓄積過程は、その過程の内部にマルクスが洞察した「資本の本源的蓄積過程」の暴力を内蔵し、資本の前史だけでなく、今日の世界の各地で日々その暴力を発動している。資本の蓄積過程は、ひとびとの協同的・相互扶助的な社会諸関係を解体し、ひとびとを分断と競争の諸関係に陥れる。

ナオミ・クラインは、災害やクーデタや戦争を契機に社会を白紙状態に還元してそこにビジネスチャンスをつくりだす手法を「ショック・ドクトリン」と呼んで、新自由主義のはらむ惨事便乗型資本主義の暴力的本性を語り出した。だが、この手法は新自由主義の専売特許ではない。資本の概念そのもののうちに、さらには商品の概念そのもののうちに、この暴力がはらまれているのである。

＊　＊　＊

この危機は経済危機にとどまらず、社会と自然のあらゆる領域に深刻な作用をもたらす。なぜ危機はすべての領域に波及するのか。資本価値の増殖を自己目的とする運動は、生命・自然・性・文化・身体・倫理といったあらゆる領域に、資本の価値増殖を自己目的とする運動の原理を浸透させることによって、これらの領域の持続的な再生産を不可能にするからである。目先の成長を最優先する思考と行動は、将来世代と長期的な将来に対する配慮を欠くことによって、生命の再生産を不可能にする。この思考と行動は、森林の破壊、地球の温暖化、水質汚濁、土壌汚染を意に介すことなく、人間と自然の物質代謝過程を攪乱し破壊する。地域および市民社会の相互扶助と連帯の関係を貧困化する。家族・友人・仲間の親密な友愛の関係を打算の関係に還元する。

だから、危機は、ひとびとの生活過程の再生産における総過程的な危機として発現する。金融経済用語に「システミック・リスク」という言葉がある。それは、ある金融機関の決済不能あるいは倒産が金融システム全体に波及するようなリスクを意味する。世界資本主義においては、このシステミック・リスクが、金融領域を超えて、社会・自然・時間・空間の全領域を包摂する社会システムの総過程的危機として発現する。

気候変動をはじめとする生態系の危機、核戦争の危機、原子力発電事故の危機、生命の再生産の危機、家族とジェンダーの危機、文明と歴史の危機、時間と空間の危機、これらの危機は、たがいに連動しつつ、社会と自然の総過程的危機を誘発する。資本主義の終焉は、この危機が不可避であることに由来している。それは資本と国家によっては制御不可能な危機の進行にほかならない。

分断され孤立した諸個人は、このシステミック・リスクをストレートに被る。U・ベックが指摘する「リスク社会」とは、この総過程的な危機にむきだしの個人が直面する社会のことである。社会を喪失した個人は、自分だけが頼りの世界に投げ出され、総過程的な危機に何の保護もないままに裸でさらされる。

二〇一八年二月、フロリダで銃乱射事件が発生したとき、トランプ大統領はなんと言ったのか。かれは銃を公的に規制しようとするのではなく、学校の教師も銃で武装すべきだと唱えたのだ。政府が市民にむかって自衛のための武装を呼びかけたのである。だが、個人が銃でいくら武装しても、核戦争や気候変動の脅威に立ち向かうことはできない。また、核の脅威にはいかなる科学技術も無力である。福島原発事故の汚染水処理は、海洋放出か大気放出しかないという結論が下された。自然と人間の物質代謝過程を破壊するシステミック・リスクに科学技術は無力なのだ。

＊　＊　＊

では、資本と国家によっても制御不能なこのシステミック・リスクに、われわれはどう立ち向かったらよいのであろうか。それは、資本と国家が暴力の矛先を向けている当の社会を復権させることである。

総過程的リスクにおいて発動される暴力に立ち向かうためには、資本の総過程の運動に対抗して、社会のあらゆる領域において連帯と協働の関係を創造する社会闘争に取り組まなければならない。自然の生態系にもとづいて人間と自然の物質代謝を回復する、都市住民の自治と自己決定にもとづいて都市空間を創造する、生命の再生産を企業や国家に委ねることなく自己決定する、核武装や軍事力の強化による国家安全保障に抗して、地球的な規模での民衆の安全保障を追求する、企業の内部や企業間関係や産業のありかたを、資本の利益によって組織するのではなく、働く者、暮らしを営む者の視点から再組織する、これらの多様な闘いが共進化して、社会の諸領域を資本蓄積や経済成長に向けて総動員する現行の体制を圧倒するようになるとき、荒れ狂う暴力の惨禍のなかで資本主義の自壊に代わるオルタナティヴな世界がたちあらわれる。

パブロ・ソロン［2017］（ボリビアの先住民のビビール・ビエン運動の推進者）は、システミック・リスクに抗するこの道を〈システミック・オルタナティヴ〉とよぶ。わたしたちの取り組む運動は、性差別、障害者差別、民族・人種差別、都市問題、脱原発、反戦平和、協同組合・労働組合の組織化、反植民地主義、など多岐にわたるが、これらの運動がたがいに共進化しつつ、システミック・オルタナティヴの社会闘争として結実するとき、資本主義というシステムが発動するシステミック・リスクの手を逃れて、そのリスクを制御するオルタナティヴな社会を手にする方向へと向かうことができる。

政府と資本の激しい弾圧にさらされている関西生コンの連帯労組（全日本建設運輸連帯労働組合関

西地区生コン支部）は、このシステミック・オルタナティヴの社会闘争を独自に展開してきた。企業別組合ではなく業種別組合の結成によって労働者の権利獲得のための組織を創造する、生コンの中小企業経営者と連携して協同組合を組織し、セメント産業および建築産業との価格交渉に介入する、生コン産業の各種の産業政策（技能形成、技術開発、教育、都市政策）に取り組む。さらに、沖縄の辺野古基地移転阻止闘争や韓国の労働者との連帯を追求する。この一連の運動は、社会的連帯経済という資本主義のオルタナティヴを追求する運動へと発展した。このようにして連帯労組は、自力でシステミック・オルタナティヴの社会闘争を創出してきた。大企業と政府と警察権力が束になって仕掛けてきた大弾圧は、この社会闘争を圧殺するための攻撃にほかならない（連帯労組の大弾圧については、連帯ユニオン編［2019］を参照されたい）。

この世界は、いま経済という名の戦争状態に突入している。ラッツァラート［2016］は、資本主義を、資本が民衆に対して仕掛ける戦争の体制と定義して、資本概念がその本性において戦争をそのうちにはらんでいることを示唆している（パンデミック下で「コロナウイルスに対する戦争」を叫ぶ者は、日常生活のこの戦争状態を外部から日常生活に仕掛けられた戦争へとすりかえ、国家によるウイルスとの戦争に転化して新たな戦時動員体制の創出をもくろんでいる）。民衆はこの戦争に対して、みずからを防衛する戦争を組織し、みずからを国家に抗する「戦争機械」（ドゥルーズ／ガタリ）として鍛え上げることを求められる。ひとびとをシステミック・リスクにさらし社会を破局に追いやる力と、協同と連帯によってそのリスクに立ち向かう力とがせめぎ合う戦争が、階級闘争の主戦場としてそのすがたをあらわす。わたしたちは、社会のいたるところで、多様で広範にシステミック・オルタナティヴの運動を創出して戦場に生きる闘士（この闘士はマルクスによって、かつてプロレタリアートと呼ばれた）であることを自覚しなければならない。とりわけ、パンデミックが生み出した破局的な社会状況は、ひとびとにその自覚を喫緊の課題として迫っている。

これまで、藤原書店には、ベルナール・シャヴァンス、ミシェル・アグリエッタなどレギュラシオン理論の研究書や『資本主義と死の欲動』の翻訳でお世話になったが、このたび、出版事情の厳しいなかで拙著の刊行をお引き受けいただいたこと、藤原良雄社長にこころより感謝申し上げます。また、校正を引き受けていただき貴重なコメントをくださった中島久夫氏にもお礼申し上げます。

付記　本書は、既出の拙論を素材にしていて、初出の諸論文については、本書末尾の参考文献リストで示している。ただし、本書への収録に際して、かなりの削除・加筆・書き直しをおこなったうえで、全体を編集していることをお断りしたい。

Swift J. [1726] *"Travels into Several Remote Nations of the World, in Four Parts. By Lemuel Gulliver, First a Surgeon, and then a Captain of several Ships"*, 1.（冨山太佳夫訳『ガリヴァー旅行記』『ユートピア旅行記叢書 6』岩波書店、2002 年）
Torfing J. [1999] *New Theory of Discourse*, Blackwell.
津村喬・西尾漠［2012］「原子力推進と情報ファシズム」『津村喬精選評論集』論創社
酒井隆史［2001］『自由論』青土社
白井聡［2013］『永続敗戦論』太田出版
テッサ・モーリス＝スズキ［2016］「謝罪は誰に向かって、何のために行うのか」山口智美ほか［2016］、所収
Todd E. [2016]『シャルリとは誰か？』堀茂樹訳、文芸春秋
Traverso E. [2002] *Il totalitarismo*.（柱本元彦訳『全体主義』平凡社、2010 年）
植村邦彦［2010］『市民社会とは何か』平凡社
内田雅敏［2020］『元徴用工和解への道』ちくま新書
矢部宏治［2014］『日本はなぜ、「基地」と「原発」をとめられないのか』集英社インターナショナル
山田鋭夫［2008］『さまざまな資本主義』藤原書店
――［2020］『内田義彦の学問』藤原書店
山口智美ほか［2016］『海を渡る「慰安婦」問題――右派の「歴史戦」を問う』岩波書店
山本昭弘［2012］『核エネルギー言説の戦後史 1945-1960』人文書院
山崎雅弘［2016］『日本会議　戦前回帰への情念』集英社新書
横田茂［2008］『巨大都市の危機と再生――ニューヨーク市財政の軌跡』有斐閣
吉田裕［2007］『アジア・太平洋戦争』岩波新書
吉本隆明［1991］『高村光太郎』講談社文芸文庫
若森章孝・植村邦彦［2017］『壊れゆく資本主義をどう生きるか』唯学書房
若森みどり［2011］『カール・ポランニー』NTT 出版
――［2015］『カール・ポランニーの経済学入門』平凡社新書

―― ［2017d］「競争と分断の共進化から連帯と協同の共進化へ――関西生コンの社会闘争が切り開いた地平」『大阪産業大学経済論集』第 18 巻
―― ［2017e］「市民社会の共進化と新自由主義の危機」近畿大学日本文化研究所編『対話　潜在する可能性』風媒社――**本書第Ⅱ部**
―― ［2017f］「訳者解説　フロイトとケインズで読む資本主義の破局的危機」『資本主義と死の欲動』所収――**本書第Ⅲ部第 1 章**
―― ［2017g］『グローバル資本主義の破局にどう立ち向かうか――市場から連帯へ』河合ブックレット、河合文化研究所、2018 年 4 月
―― ［2017h］「優生思想と死の欲動」（1）、名古屋同人誌『象』89 号
―― ［2018a］「優生思想と死の欲動」（2）、名古屋同人誌『象』90 号
―― ［2018b］「グローバル資本主義の精神分析――貨幣欲望と死の欲動」『近畿大学日本文化研究所紀要』第 1 号――**本書第Ⅲ部第 1 章**
―― ［2018c］「商品の物神性と死の欲動――フロイトで読むマルクス」『季報唯物論研究』第 145 号――**本書第Ⅲ部第 2 章**
―― ［2019a］「市民社会とは何か――コンメンタール」平田清明著『市民社会とレギュラシオン』（岩波書店、1993 年）」（佐々木政憲と共著）『大阪産業大学経済論集』第 21 巻第 1 号
―― ［2019b］解題平田清明『市民社会とレギュラシオン』（佐々木政憲と共著）山田鋭夫・千賀重義・八木紀一郎編著『平田清明全著作解題集』日本経済評論社
―― ［2019c］「〈国境線の政治〉を超えて」原井一郎・斉藤日出治・酒井卯作『国境 27 度線』海風社
―― ［2020a］「資本主義はなぜ終わるのか――ウルトラ企業社会日本と社会的連帯経済」『近畿大学日本文化研究所紀要』第 3 号
―― ［2020b］「世界資本主義の危機と崩壊、それにどう立ち向かうか」『コモンズ』2 月 10 日号、No. 138――**本書あとがき**
酒井直樹［2015］「パックス・アメリカーナの終焉とひきこもりの国民主義」『思想』1095 号
佐藤嘉幸［2009］『新自由主義と権力』人文書院
趙星銀［2012］「「高度成長」反対」『思想』2 月号、1054 号
―― ［2017］『「大衆」と「市民」の戦後思想――藤田省三と松下圭一』岩波書店
Smith A. M.［1998］*Laclau & Mouffe*, Routledge.
Solnit Rebecca,［2009］*A Paradise built in Hell*, The English Agency Japan Ltd.（高月園子訳『災害ユートピア』亜紀書房、2010 年）
Stefan-Ludwig Hofmann［2006］*Civil Society*, Palgrave Macmillan.（山本秀行訳『市民結社と民主主義』岩波書店、2009 年）

―― ［1998］「20 世紀社会主義と制度の政治経済学」斉藤日出治『国家を越える市民社会』現代企画室、所収
―― ［2003］『空間批判と対抗社会』現代企画室
―― ［2005］『帝国を超えて――グローバル市民社会論序説』大村書店
―― ［2008］「グラムシの市民社会論と経済学批判――コーポラティズムからガヴァナンスへのヘゲモニー構造の転換」『大阪産業大学経済論集』第 9 巻、第 3 号
―― ［2010a］『グローバル化を超える市民社会』新泉社
―― ［2010b］「制度経済学の言説と市民社会の統治テクノロジー」『千葉大学経済研究』第 25 巻 3 号――**本書第Ⅰ部第 3 章**
―― ［2011］「歴史記憶の組織化をめぐるヘゲモニー闘争」『季刊唯物論研究』115 号
―― ［2012a］近畿大学日本文化研究所編「3・11 が問う日本人の歴史認識――市民社会と植民地主義」『危機における共同性』風媒社、所収
―― ［2012b］「日本人に問われる歴史認識の再審」『プラン B』37 号
―― ［2013a］「原子力の産業的利用と市場経済全体主義」『大阪産業大学経済論集』第 14 巻第 1 号――**本書序章**
―― ［2013b］「自由主義の統治術と新しいコーポラティズム」『季報唯物論研究』125 号――**本書第Ⅰ部第 2 章**
―― ［2013c］「福島の核爆発と歴史を見る眼――日本に落ちた三度目の原爆」竹内常善・斉藤日出治編『東日本大震災と社会認識』ナカニシヤ出版、所収
―― ［2015a］「格差の表象と破局の予兆――ピケティ現象が語るもの」『葦牙』No. 41. ――**本書第Ⅰ部第 1 章**
―― ［2015b］「グローバル・リスク社会から連帯社会へ」似田貝香門・吉原直樹編『震災と市民』Ⅰ、東京大学出版会、所収
―― ［2016a］「現在に生き続ける植民地主義」近畿大学日本文化研究所編「『変化と転換を見つめて』風媒社、所収
―― ［2016b］「社会的労働運動から連帯経済へ――関西生コンの社会闘争が切り開いた地平」名古屋同人誌『象』84 号
―― ［2016c］「自由の神話作用と資本主義――新自由主義の根源へ」『葦牙』No. 42. ――**本書第Ⅰ部第 1 章**
―― ［2017a］「世界の終わりと経済学」名古屋同人誌『象』87 号
―― ［2017b］「ケインズの自家撞着――黄金欲からの解放はいかにして可能となるのか」名古屋同人誌『象』88 号
―― ［2017c］「日本の国家犯罪をめぐるグローバル・ヘゲモニー闘争――グラムシに学ぶ日本の危機」『季報唯物論研究』第 139 号

済史』名古屋大学出版
道場親信［2008］『抵抗の同時代史――軍事化とネオリベラリズムに抗して』人文書院
本山美彦［2008］『金融権力』岩波新書
Milanovic B.［2016］*Global Inequality*, Belknap Press of Harvard University Press.（立木勝訳『大不平等』みすず書房、2017 年）
Mouffe C.［2005］*On the Political*, Routledge.（篠原雅武訳『政治的なものについて』明石書店、2008 年）
武藤一羊［2011］『潜在的核保有と戦後国家』社会評論社
―― ［2016］『戦後レジームと憲法平和主義』れんが書房新社
Naomi K.［2007］*The Shock Doctorine*, The Metropolitan Books.（幾島幸子・村上由見子訳『ショック・ドクトリン』上下、岩波書店、2011 年）
中島岳志・島薗進［2016］『愛国と信仰の構造――全体主義はよみがえるのか』集英社新書
中山元［2015］『フロイト入門』筑摩書房
西谷修編［2011］『“経済”を審問する』せりか書房
Norman B.［1959］*Life against Death: The Psychoanalytical Meaning of History*, Wesleyan University.（秋山さと子訳『エロスとタナトス』竹内書店新社、1970 年）
成田龍一［2007］『大正デモクラシー』岩波新書
能川元一・早川タダノリ［2015］『憎悪の広告』合同出版
日中韓 3 国共通歴史教材委員会編［2005］『未来を開く歴史――東アジア 3 国の近現代史』高文研
中山元［2010］『フーコー　生権力と統治性』河出書房新社
Pablo Solón［2017］“Vivir Bien”（Systemic Alternatives Initiative 編 “Systemic Alternatives,” 2017、所収）パブロ・ソロン（元ボリビア国連大使）「ビビール・ビエン」
Piketty T.［2013］*Le Capital au XXIᵉ siècle*, Editions du Seuil.（山形浩生ほか訳『21 世紀の資本』みすず書房、2014 年）
Polanyi K.［1944, 1957, 2001］*The Great Transformation*, Beacon Press.（野口建彦ほか訳『大転換』東洋経済新報社、2009 年）
―― ［2012］*Market Society and Human Freedom*.（若森みどりほか編訳『市場社会と人間の自由』大月書店、2012 年）
連帯ユニオン編［2019］『ストライキしたら逮捕されまくったけどそれってどうなの』旬報社
佐藤嘉幸［2009］『新自由主義と権力』人文書院
斉藤日出治［1990］「レギュラシオン概念における物象化とその超克」『物象化世界のオルタナティブ』昭和堂、所収

加藤直樹［2014］『九月、東京の路上で』ころから
加藤哲郎［2007］『情報戦の時代』花伝社
加藤典洋［2015］『戦後入門』ちくま新書
Kaldor M.［1999］*New and old War*, Polity Press.（山本武彦ほか訳『新戦争論』岩波書店、2003 年）
——［2003］*Global Civil Society*, Verso.（山本武彦ほか訳『グローバル市民社会』岩波書店、2007 年）
Keynes J. M.［1919］*The Economie Consequences of the Peace,* Macmillan; JMK 2.（早坂忠訳「平和の経済的帰結」『ケインズ全集』2、東洋経済新報社、1977 年、所収）
——［1930］« Economic possibilities for our grandchildren », JMK 9.（宮崎義一訳「わが孫たちの経済的可能性」『ケインズ全集』9、東洋経済新報社、1981 年、所収）
——［1931］*Essays in Persuasion,* Londres, Macmillan; version augmentée JMK 9.（宮崎義一訳『説得論集』『ケインズ全集』9、東洋経済新報社、1981 年）
——［1936a］The General Theory of Employment, Interest and Money, Macmillan.（塩野谷祐一訳『雇用・利子・および貨幣の一般理論』『ケインズ全集』7、東洋経済新報社、1983 年）
——［1936b］「呪うべき黄金欲」（1930 年 9 月）、『説得論集　ケインズ全集』9、宮崎義一訳、東洋経済新報社、1981 年
小林敏明［2012］『フロイト講義〈死の欲動〉を読む』せりか書房
Kornai J.［1992］*The Socialist System*, Oxford.
子安宣邦［2016］『「大正」を読み直す』藤原書店
Laval C.［2007］*L'homme économique*, Gallimard.（菊地昌実訳『経済人間——ネオリベラリズムの根底』新評論、2015 年）
Laclau E. /Mouffe C.［1985］*Hegemony and Socialist Strategy*, Verso and New Left Books.（西永亮ほか訳『民主主義革命』ちくま学芸文庫、2012 年）
Lazzarato Eric Alliez, /Maurizio Lazzarato［2016］*Guerres et Capital*, Editions Amsterdam.（杉村昌昭・信友建志訳『戦争と資本』作品社、2019 年）
Lefebvre H.［1968］*L'irruption de Nanterre au sommet*, Anthropos.（森本和夫訳『五月革命論』筑摩書房、1969 年）
——［1974］*La production de l'espace*, Editions Anthropos.（斉藤日出治訳『空間の生産』青木書店、2000 年）
Marx K.［1962-64］*Das Kapital*, Dietz Verlag.（『資本論』第 1 巻、長谷部文雄訳、河出書房新社、1974 年）
松原隆一郎［2000］『消費資本主義のゆくえ』ちくま新書
松浦正孝［2010］『「大東亜戦争」はなぜ起きたのか——汎アジア主義の政治経

化の中の居心地悪さ」『フロイト全集』20、岩波書店、2011年）
藤田省三［2003］『精神史的考察』平凡社（初版1982年）
—— ［1994a］「「安楽」への全体主義」『全体主義の時代経験』みすず書房
—— ［1994b］「全体主義の時代経験」『全体主義の時代経験』みすず書房
船橋淳［2012］「避難所から見た再稼働問題」『世界』9月号
Girard, R.［1972］*La Violence et le sacré,* Paris, Hachette.（古田幸夫訳『暴力と聖なるもの』法政大学出版局、1982年）
Gramsci A.［1975］*Quaderni del carcere*, Edizione critica dell, Istituto Gramsci, a cura di V. Gerratana, Einaudi, Torino.（松田博編訳『グラムシ「獄中ノート」著作集』Ⅲ グラムシ研究所校訂版（ジェルラターナ編）、知識人とヘゲモニー「知識人論ノート」注解、明石書店、2013年）
Gustave Le Bon［1895］*Psychologie des foules*, Felix Alcan.（櫻井成夫訳『群衆心理』講談社学術文庫、1993年）
花田達朗［2020］『公共圏』『花田達朗ジャーナリズムコレクション』第3巻、彩流社
Hardt M. /Negrit A.［2000］*Empire*, Harvard University Press.（水嶋一憲ほか訳『帝国』以文社、2003年）
Harvey D.［2003］*Paris, Capital of Modernity*, Routledge.（大城直樹・遠城明雄訳『パリ―モダニティの首都』青土社、2006年）
—— ［2005］*A Brief History of Neoliberalism*, Oxford University Press.（渡辺治監訳『新自由主義』作品社、2007年）
—— ［2010］*The Enigma of Capital and the Crisis of Capitalism*, Profile Books.（森田成也ほか訳『資本の〈謎〉』作品社、2012年）
はすみとしこ［2015］『そうだ難民しよう！はすみとしこの世界』青林堂
Hegel G. W.［1821］*Grundlinien der Philosophie des Rechts oder Naturrecht und Staatswissenschaft im Grundrisse.*（藤野渉・赤澤正敏訳『法の哲学』中央公論社、1967年）
平田清明［1971］『経済学と歴史認識』岩波書店
—— ［1993］『市民社会とレギュラシオン』岩波書店
五十嵐慶喜・小川明雄［2003］『「都市再生」を問う』岩波新書
五十嵐恵邦［2007］『敗戦の記憶』中央公論新社
上丸洋一［2011］『『諸君』と『正論』の研究』岩波書店
笠原十九司［2013］「南京大虐殺をめぐる歴史修正主義と歴史学者」『歴史評論』9月号、761号
菅野完［2016］『日本会議の研究』扶桑社
金富子［2013］「日本の市民社会と「慰安婦」問題解決運動」『歴史評論』761号、9月号

会主義のレギュラシオン理論』大村書店、1992年）
—— ［1992］*Les réformes économiques a l'Est*, Editions Nathan.（斉藤日出治・斉藤悦則訳『システムの解体』藤原書店、1993年）
—— ［2007］*L'économie institutionnelle*, Editions la Découverte.（宇仁宏幸ほか訳『入門制度経済学』ナカニシヤ出版、2007年）
Commons J. R.［1934］*Institutional Economics:Its Place in Political Economy*, Macmillan.（宇仁宏幸ほか訳『制度経済学——政治経済学におけるその位置』上・中・下、ナカニシヤ出版、2018-2019年）
Dostaler G. /Maris B.,［2009］*Capitalisme et pulsion de mort*, Albin Michel.（斉藤日出治訳『資本主義と死の欲動』藤原書店、2017年）
Dupuy J. P.［2005］*Petite métaphysique des tsunamis*, Editions du Seuil.（嶋崎正樹訳『ツナミの形而上学』岩波書店、2011年）
—— ［2012］*L'Avenir de L'économie*, Flammarion.（森本庸介訳『経済の未来』以文社、2013年）
Foucault M.［1975］*Surveilleur et punir: Naissance de la prison*, Editions Gallimard.（田村淑訳『監獄の誕生——監視と処罰』新潮社、1977年）
—— ［1976］*L'Histoire de la sexualité*, I, *La volonté de savoir*, Gallimard.（渡辺守章訳『知への意志』新潮社、1986年）
—— ［1997］*Il faut défendre la société, Cours au Collège de France*, Seuil/Gallimard.（石田英敬・小野正嗣訳『社会は防衛しなければならない』筑摩書房、2007年）
—— ［2004a］*Sécurité, territoire, population, Cours au Collège de France 1977-1978*, Seuil/Gallimard.（高桑和巳訳『安全・領土・人口』筑摩書房、2007年）
—— ［2004b］*Naissance de la biopolitique, Cours au Collège de France 1978-1979*, Seuil/Gallimard.（慎改康之訳『生政治の誕生』コレージュ・ド・フランス1978-79年講義、筑摩書房、2008年）
Fraser N.［2003］From Discipline to Flexibilisation?, *Constellations*, vol. 10. no. 2.（高橋明史実訳「規律訓練からフレキシビリゼーションへ？」『現代思想』Vol. 31-16、青土社、2003年）
Freud, S.［1908］« Caractère et érotisme anal ».（道籏泰三訳「性格と肛門性愛」『フロイト全集』9、岩波書店、2007年）
—— ［1920］*Au-delà du principe de plaisir.*（須藤訓任訳「快原理の彼岸」『フロイト全集』17、岩波書店、2006年）
—— ［1921］Psychologie dess masses et analyse du moi.（「集団心理学と自我分析」『フロイト全集』17、藤野寛訳、岩波書店、2006年）
—— ［1927］*L'Avenir d'une illusion.*（高田珠樹訳「ある錯覚の未来」『フロイト全集』20、岩波書店、2011年）
—— ［1930］*Le Malaise dans la culture,* Paris, PUF, 1995.（嶺秀樹・高田珠樹訳「文

参考文献

阿部謹也［1981］『中世の窓から』朝日新聞社

Aglietta M./Brender A.［1984］*Les Métamorphoses de la société salariale*, Calmann-Lévi.（斉藤日出治ほか訳『勤労者社会の転換』日本評論社、1990年）

雨宮昭彦［2005］『競争秩序のポリティクス』東京大学出版会

——［2010］「〈ポスト大転換システム〉の歴史的考察」安孫子誠男・水島治郎編『労働』所収

Amable B.［2003］*The Diversity of Modern Capitalism*, Oxford University Press.（山田鋭夫・原田裕治ほか訳『五つの資本主義』藤原書店、2005年）

青木理［2016］『日本会議の正体』平凡社新書

Arendt H.［1951］*The Origines of Totalitarianism*, Harcourt, Brace & World Inc.（大島通義・大島かおり訳『全体主義の起原』みすず書房、1981年）

Barber B. R.［1995］*Jihad vs. Macworld*, Times Books.（鈴木主税訳『ジハード対マックワールド』三田出版会、1997年）

Beck U.［1986］*RISIKOGESELLSCHAFT*, Suhrkamp Verlag.（東廉・伊藤美登里訳『危険社会』法政大学出版局、1998年）

——［1999］*World Risk Sciety*, Blackwell Publishers.（山本啓訳『世界リスク社会』法政大学出版局、2014年）

——［2002］*Uber Terror und Krieg*, Suhrkamp Verlag.（島村賢一訳『世界リスク社会論』平凡社、2003年）

Becker G. S.［1964］*Human Capital*, University of Chicago Press.（佐野陽子訳『人的資本』東洋経済新報社、1976年）

Bertramsen R. B. /Peter J. /Torfing J.［1991］*State, Economy & Society*, Unwin Hyman.

Block F.［2005］*Towards a New Understanding of Economic Modernity, The Economy as a Polity*. UCL Press.

Chavance B.［1984］Les forms actuelles de crise dans les économies de type soviétique, *Critique de l'économie politique*. No. 26-27.（斉藤日出治訳『ソ連経済における危機の今日的形態」ボワイエ・山田編『転換——社会主義』藤原書店、1993年所収）

——［1988］Les réformes économiques dans les systèms socialistes, *Revue Francaise d'Economie*. Vol 3, no. 3 Ete.（斉藤日出治訳「社会主義体制における経済改革」『大阪産業大学論集』社会科学編、第89号、1992年）

——［1990］*Le système économique soviétique*, Editions Nathan.（斉藤日出治訳『社

や 行

ら 行

わ 行

な　行

は　行

ま　行

人名索引

「はしがき」から「あとがき」の範囲で人名を拾い，五十音順に配列した。なお，カタカナで表記した人名の姓以外のファースト・ネーム等はアルファベットの頭文字のみの表記とした。

著者紹介

斉藤日出治（さいとう・ひではる）
1945 年、長野県生。名古屋大学大学院経済学研究科博士課程満期退学。専攻・社会経済学・現代思想。博士（経済学）。大阪産業大学経済学部教授を経て、大阪労働学校・アソシエ学長。
著書に、『物象化世界のオルタナティヴ――現代資本主義と言語・情報・記号』（1990 年、昭和堂）、『ノマドの時代――世紀末のヨーロッパと日本』（1994 年、1999 年に増補新版、その際サブタイトルを「国境なき民主主義」に変更）『帝国を超えて――グローバル市民社会論序説』（2005 年、以上大村書店）『国家を越える市民社会――動員の世紀からノマドの世紀へ』（1998 年）『空間批判と対抗社会――グローバル時代の歴史認識』（2003 年、以上現代企画室）、『グローバル化を超える市民社会――社会的個人とヘゲモニー』（2010 年、新泉社・21 世紀叢書）、『グローバル資本主義の破局にどう立ち向かうか――市場から連帯へ』（2018 年、河合ブックレット）、『都市の美学――アーバニズム（これからの世界史 13）』（岩永真治と共著、1996 年、平凡社）がある。他にも編著、共著あり。
訳書に、M・ギヨーム『資本とその分身――社会的コードの経済学批判』（1987 年）、『狼狽する資本主義』（1993 年、以上法政大学出版局）、M・アグリエッタ『通貨統合の賭け――欧州通貨同盟へのレギュラシオン・アプローチ』（1993 年）、B・シャヴァンス『システムの解体――東の経済改革史 1950-90 年代』（1993 年共訳、以上 2 冊はいずれもレギュラシオン・ライブラリー）、G・ドスタレール／B・マリス『資本主義と死の欲動――フロイトとケインズ』（2017 年、以上藤原書店）、B・シャヴァンス『社会主義のレギュラシオン理論――ソ連経済システムの危機分析』（1995 年、大村書店）、H・ルフェーヴル『空間の生産』（2000 年、青木書店）。その他多数の共訳書あり。

資本主義《しほんしゅぎ》の暴力《ぼうりょく》——現代世界《げんだいせかい》の破局《はきょく》を読《よ》む

2021年 4 月30日　初版第 1 刷発行©

著　者　斉藤日出治

発行者　藤原良雄

発行所　株式会社 藤原書店

〒 162-0041　東京都新宿区早稲田鶴巻町 523
電　話　03（5272）0301
F A X　03（5272）0450
振　替　00160 - 4 - 17013
info@fujiwara-shoten.co.jp

印刷・製本　中央精版印刷

落丁本・乱丁本はお取替えいたします
定価はカバーに表示してあります

Printed in Japan
ISBN978-4-86578-312-4

全く新しい経済理論構築の試み

金融の権力

A・オルレアン
坂口明義・清水和巳訳

地球的規模で展開される投機経済の魔力に迫る独創的新理論の誕生！　市場参加者に共有されている「信念」を読み解く「コンベンション理論」による分析が、市場全盛とされる現代経済の本質をラディカルに暴く。

四六上製　三二八頁　**三六〇〇円**
（二〇〇一年六月刊）
品切◇978-4-89434-236-1
LE POUVOIR DE LA FINANCE　André ORLÉAN

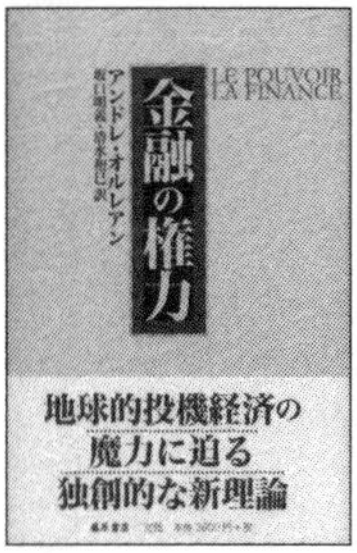

気鋭の経済思想家の最重要著作！

価値の帝国
（経済学を再生する）

A・オルレアン
坂口明義訳

「価値」を〝労働〟や〝効用〟の反映と捉える従来の経済学における価値理論を批判し、価値の自己増殖のダイナミズムを捉える模倣仮説を採用。現代金融市場の根源的不安定さを衝き、社会科学としての経済学の再生を訴える、気鋭の経済学者の最重要著作、完訳。

第1回ポール・リクール賞受賞
A5上製　三六〇頁　**五五〇〇円**
（二〇一三年一一月刊）
◇978-4-89434-943-8
L'EMPIRE DE LA VALEUR　André ORLÉAN

新たな「多様性」の時代

脱グローバリズム宣言
（パクス・アメリカーナを越えて）

R・ボワイエ＋P-F・スイリ編
青木昌彦　榊原英資 他
山田鋭夫・渡辺純子訳

アメリカ型資本主義は本当に勝利したのか？　日・米・欧の第一線の論客が、通説に隠された世界経済の多様性とダイナミズムに迫り、アメリカ化とは異なる21世紀の経済システム像を提示。

四六上製　二六四頁　**二四〇〇円**
（二〇〇二年九月刊）
◇978-4-89434-300-9
MONDIALISATION ET RÉGULATIONS
sous la direction de
Robert BOYER et Pierre-François SOUYRI

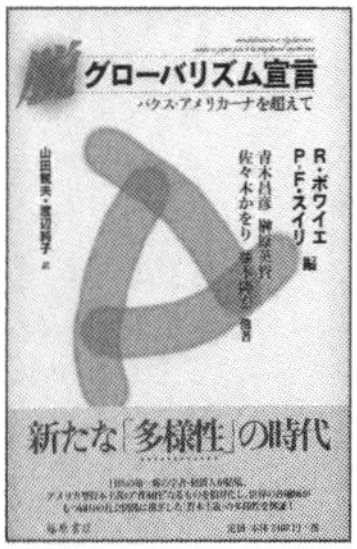

単一通貨は可能か

通貨統合の賭け
（欧州通貨同盟へのレギュラシオン・アプローチ）

M・アグリエッタ
斉藤日出治訳

仏中央銀行顧問も務めるレギュラシオン派随一の理論家による、通貨統合論の最先端。ポンド・ドルの基軸化による国際通貨体制を歴史的に総括し欧州の現状を徹底分析。激動の世界再編下、欧州最後の賭け＝通貨同盟を展望。

四六上製　二九六頁　**二七一八円**
（一九九二年一一月刊）
品切◇978-4-938661-62-5
L'ENJEU DE L'INTÉGRATION MONÉTAIRE
Michel AGLIETTA

生きた全体像に迫る初の包括的評伝

ケインズの闘い
〈哲学・政治・経済学・芸術〉

G・ドスタレール
鍋島直樹・小峯敦監訳

単なる業績の羅列ではなく、同時代の哲学・政治・経済学・芸術の文脈のなかで、支配的潮流といかに格闘したかを描く。ネオリベラリズムが席巻する今、「リベラリズム」の真のあり方を追究したケインズの意味を問う。

A5上製　七〇四頁　**五六〇〇円**
（二〇〇八年九月刊）
◇978-4-89434-645-1

KEYNES AND HIS BATTLES
Gilles DOSTALER

際限なき貨幣欲からの解放は可能か

資本主義と死の欲動
〈フロイトとケインズ〉

G・ドスタレール＋B・マリス
斉藤日出治訳

エロス（生）とタナトス（死）の欲動の対立、および貨幣への根源的欲望というフロイトの洞察に基づき、経済成長とは「死の欲動」の無限の先送りだと看破したケインズ。規制を取り払われた経済活動が全地球を覆い尽くした今、資本主義の「自己破壊」と訣別する方途はあるのか？

四六上製　二六四頁　**三〇〇〇円**
（二〇一七年一一月刊）
◇978-4-86578-150-2

CAPITALISME ET PULSION DE MORT
Gilles DOSTALER et Bernard MARIS

わが国最高水準の積年の労作

世界金融史研究

入江節次郎

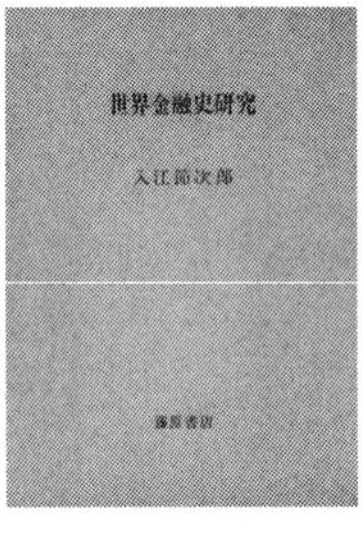

四半世紀を費やした、記念碑的パイオニアワーク。一八三〇年代においてイギリスからの資本輸出の中心となった第二合州国銀行と合州国銀行の国際金融活動を分析の中心に据え、現代世界経済の根本的な構造的問題の歴史的形成過程を活写し、未来を展望。

A5上製函入　七二四頁　**一九四一七円**
（一九九一年一二月刊）
品切◇978-4-938661-19-9

経済史方法論の一大パラダイム転換

世界経済史の方法と展開
〈経済史の新しいパラダイム（一八二〇―一九一四年）〉

入江節次郎

一国経済史観を根本的に克服し、真の世界経済史を構築する〝方法〟を、積年の研鑽の成果として初めて呈示。十九世紀から第一次世界大戦に至る約百年の分析を通じ経済史学を塗り替える野心的労作。

A5上製　二八〇頁　**四二〇〇円**
（二〇〇二年一一月刊）
◇978-4-89434-273-6